ASSUSTADORA STELLA

UNNI LINDELL • FREDRIK SKAVLAN

Assustadora Stella
e a Escola Noturna

A PRIMEIRA VERDADE

TRADUÇÃO DO NORUEGUÊS POR
Leonardo Pinto Silva

autêntica

Índice

Capítulo Um	Assustadora Stella e a Oficina de Costura 9
Capítulo Dois	Merengues e secadoras de roupa com aroma de limão 19
Capítulo Três	Senhor Mysac, Senhora Vampe e Careta Bruta 30
Capítulo Quatro	Assustadora Stella e a Escola Noturna 39
Capítulo Cinco	Verdades, inverdades e o gancho da vergonha 49
Capítulo Seis	Dois acontecimentos terríveis 56
Capítulo Sete	A queda de Tânia Talento 69
Capítulo Oito	A aluna de Sofia Malévola 77
Capítulo Nove	O filho de Heitor Mysac mostra sua força 84
Capítulo Dez	Um turbante guloso vai viajar 95
Capítulo Onze	Escada rolante para um apuro 101
Capítulo Doze	Surgem os fantasmas das tapeçarias 110
Capítulo Treze	O afeto de Leonardo 120
Capítulo Catorze	"Não é aqui" 128
Capítulo Quinze	O segredo do mostruário de vidro 136
Capítulo Dezesseis	A Primeira Verdade 146

O QUE É A PRIMEIRA VERDADE?

*Quem você era? Quem você vai ser?
Quem você é, nesse meio tempo?
Quem tem que esperar a chuva passar para poder
enxergar o arco-íris?
O que tem no número 99 da Rua de Rivoli?
Como se tornar um ás do voo e da flutuação?
E, finalmente, onde fica o espelho d'água?*

Capítulo Um

Assustadora Stella
e a Oficina de Costura

– O que você está fazendo, Stella? Nós não temos permissão pra voar tão alto! – gritou Tânia Talento.

Ela acompanhou Assustadora Stella com o olhar, observando-a levitar até o alto do muro e chegar ao teto da Oficina de Costura. Stella sentou-se na borda do telhado, de onde tinha uma visão panorâmica das luzes da cidade, brilhando como se fossem olhos de predadores selvagens.

As outras cinco crianças-fantasma estavam no chão, imóveis, sem tirar os olhos dela.

Tânia Talento continuou: – Vamos aprender a navegar quando começarmos a escola noturna, Stella. Por que você sempre tem que sair atropelando as coisas?

– Pode continuar voando pro céu, menina! – gritou Ênio Gosmento, que era muito manhoso. Ele adorava quando Stella tomava uma bronca. E era exatamente o que iria acontecer quando os fantasmas adultos chegassem do trabalho. Toda noite eles saíam para assustar os humanos que dormiam em suas camas.

A Primeira Verdade ❭ 9

Stella movia-se com extremo cuidado. Ênio não conseguia acreditar que ela estava se arriscando a ser arrastada por um furacão ou algo assim: não era tão estúpida.

– Você está uma coisa cósmica e uggy vista daqui – continuou ele. – Com essa cara assustada de quem não sabe nem flutuar direito!

Stella respirou fundo e subiu mais uns cinco metros. Então uivou como uma coruja e urrou o grito mais apavorante que conseguiu.

Era uma linda noite enluarada, e não estava ventando forte. Stella voou sobre o telhado, afastando-se da oficina na direção da cidade.

Se subisse demais, as correntes de ar poderiam arrastá-la sem que ela pudesse controlar para onde ia. Era perigoso para uma fantasminha, então era preciso tomar muito cuidado.

– Volte, Stella! – escutou os outros gritando lá embaixo.

Mas ela estava gostando daquilo. As estrelas brancas deixavam suas impressões na escuridão do céu. Seus raios frios apontavam para a Terra, para lugares e endereços que os fantasmas tinham a missão de encontrar. A sétima estrela era o auge para quem quisesse se tornar um ás do voo e da flutuação. Era o que dizia a velha Asquerosa Ulla. "Encontrar os lugares é a missão mais importante da vida de um fantasma", ela afirmava.

Era sobre isso que Assustadora Stella, Tânia Talento e Ênio Gosmento iriam aprender mais quando começassem na Escola Noturna.

Os campos lá embaixo se alternavam em pequenos quadrados de tons diferentes, como uma colcha de retalhos verde, marrom e amarela cobrindo o chão. Os outros não sabiam, mas Stella tinha voado uma vez com sua mãe, antes de ela desaparecer. Não tinham ido tão alto, pois Stella era muito pequena. Aquela noite ficou marcada pelos sussurros das árvores escuras, seguidos por um silêncio avassalador. Stella se lembrava de ter avistado um animal noturno embrenhando-se pela grama alta. Devia ser um gato. E também se lembrava do que a mãe tinha dito pouco antes de aterrissarem: "Mantenha o foco, minha Stella, mantenha o foco e siga adiante". Era algo que Stella nunca esqueceria.

Agora, nuvens que pareciam chumaços de algodão passavam na frente da Lua, ao mesmo tempo que um vento lateral soprava Stella de volta para a Oficina de Costura. Foi uma sensação revigorante ser apanhada pela fresca brisa noturna. A fantasminha flutuou em círculos sobre o quintal. Tânia Talento, Ênio Gosmento, Franzidinha e Linette pareciam pequenos pontos brancos lá embaixo, todos juntos, olhando para ela, enquanto Horácio corria a toda velocidade de um lado para o outro.

– Acho que você é uma fanplasma muito corajosa – disse Franzidinha, que tinha passado muito tempo na água quente quando era pequena e encolheu. Por isso, era bem menor que seus irmãos, e bem mais agitada.

– Fantasma, Franzidinha – corrigiu Stella. – Não tem nada horrível nas esferas mais altas – riu e continuou: – É esplêndido, maravilhoso, e se vocês não ficassem aí enchendo minha paciência, eu talvez pudesse escutar o som do silêncio do universo.

Stella rodopiou em volta da enorme chaminé mais algumas vezes. De repente, um morcego surgiu do alto e esbarrou bem na sua cabeça.

– Ai, o que foi isso?! – ela deixou escapar antes de cair sobre as telhas vermelhas.

– Em poucos minutos os adultos estarão aqui – gritou Ênio Gosmento.

– E daí? – Stella rosnou e se espanou toda.

– Você sabe muito bem!

– "Sem brincadeiras agora, Stella. Faça como eu digo" – disse Stella, imitando a voz de Torres Damasco. – É isso que vocês querem dizer?

Torres Damasco, o maior dos fantasmas, era o supervisor da noite. Todos, exceto Stella, faziam exatamente o que ele dizia.

– Sim – disseram todos em uníssono. – É isso que queremos dizer.

– Ah! – exclamou Stella, pensando em quantas vezes o Tio Torres, como devia chamá-lo, tinha precisado dar-lhe um nó para que ficasse quieta.

Ela só queria ser a mais assustadora das assustadoras. Uma fantasma precisava aprender a enxergar através das coisas e tinha que estar pronta para lutar pelo poder, especialmente uma fantasma que já não tinha mãe.

Quando o relógio da torre da igreja bateu cinco horas, Stella despencou dez metros e ficou pairando sobre uma leve corrente de ar. O dia não tardaria a clarear. Além da cidade, ela podia divisar o imperceptível ponto onde o céu e o mar se encontravam no horizonte. E teve a sensação mágica de que era alguém diferente. Talvez porque soubesse tanto sobre a solidão.

– Lá vêm eles – gritou Tânia Talento. – Eu vou contar o que você está aprontando.

– É, volte aqui, Stella, os ADULTOS estão vindo! – gritaram os outros numa só voz.

– Os adultos, os adultos – papagaiou Stella, dando uma última olhada antes de pairar de volta e descer ao chão da oficina no exato instante em que os fantasmas adultos entravam pelos vãos das grades do portão: Esmê, Guincho, Horrenda e Tio Torres.

Torres Damasco foi o primeiro a atravessar o quintal.

– Aqui estão vocês. Venham, crianças. Agora vamos comer, depois é hora de irem pra cama. Nada de traquinagens agora. Sejam bonzinhos.

Stella fitou o Tio Torres. Ele dizia tanta bobagem. Por que era preciso ser sempre bonzinho? Era muito chato ser obrigada a fazer tudo o que os outros diziam.

Percebeu que Torres Damasco a observava atentamente, porque ela não estava prestando atenção.

– Stella, o que você andou fazendo?

– Favor, trator, fedor – Stella rimou e deu uma gargalhada. Tânia Talento quis dar com a língua nos dentes, mas Stella olhou para ela de um jeito ameaçador.

– Já pra dentro, estou dizendo.

– Está bem – responderam Tânia Talento, Ênio Gosmento, Horácio, Franzidinha e Linette, que, juntos, flutuaram na direção da porta. Já que o dono da oficina a tinha trancado com chave, precisaram atravessar pelo buraco da fechadura.

– Você primeiro! – Torres Damasco deu um empurrãozinho nas costas de Stella, que deu uma última olhada para o céu antes de se enrolar toda,

tomar distância e enfiar a pontinha do lençol no buraco da fechadura para sair rapidamente do outro lado.

Um a um, os fantasmas foram fazendo o mesmo e passaram para o interior da oficina. Lá dentro, Asquerosa Ulla, corroída como um velho tapete de lã, Misteriosa Malu e Mulambinho esperavam. Eram sete crianças e seis adultos os fantasmas que moravam na Oficina de Costura.

À noite, o lugar era inteirinho deles. Havia um galpão grande e um menor, repletos de mesas estreitas sobre as quais ficavam as máquinas de costura. Havia um guarda-roupas para os operários, um escritório onde o proprietário passava o dia inteiro, um refeitório, uma lavanderia, o depósito onde os tecidos eram estocados e muitos corredores estreitos levando de um lugar a outro, em todas as direções. Os corredores eram fechados por portas de ferro sem fechaduras, de modo que os fantasmas não sabiam o que se escondia atrás deles.

Durante o dia, os fantasmas dormiam na prateleira superior do depósito de tecidos.

Misteriosa Malu era feita de um lençol de linho e vinha de uma família muito fina. Seu nome completo era Misteriosa Malu Graça Damasco. Fantasmas normalmente põem os sobrenomes em primeiro lugar. Nem todos têm sobrenomes, quer dizer, depende de quão importantes eles são ou dos feitos que conquistaram. Mas Malu era tão distinta que tinha um sobrenome no começo e outro no fim. Ela e a velha Asquerosa Ulla tinham preparado a comida e posto a comprida mesa mágica no meio das mesas das máquinas de costura, no galpão da oficina: doze pratos brancos, doze copos, uma jarra e as mais delicadas xícaras. Durante o dia, aquilo tudo ficava escondido numa gaveta secreta na parede. Era uma gaveta tão imperceptível que os humanos que trabalhavam na Oficina de Costura nem reparavam nela.

Tânia Talento e Ênio Gosmento eram filhos de Torres e Malu, enquanto os trigêmeos Horácio, Franzidinha e Linette eram filhos de Guincho e Horrenda. A sétima criança era Mulambinho, que ainda não passava de um pequeno lenço de bolso. Ninguém sabia de verdade de onde ele vinha. Certa noite, a velha Asquerosa Ulla simplesmente apareceu com ele no braço. Tinha-o encontrado sozinho, preso por dois prendedores de roupa, num varal estendido num grande jardim.

A décima-terceira fantasma era Esmê, uma jovem quieta e um tanto estranha. Gostava de ficar sozinha, não era muito de conversar, mas Torres a obrigava a acompanhá-lo no trabalho toda noite.

Capítulo Dois

Merengues e secadoras de roupa com aroma de limão

– Foi tudo bem no trabalho hoje? – Misteriosa Malu colocou sobre a mesa uma enorme bandeja de merengues recém-assados, feitos com as claras de ovos mais frescas e o melhor açúcar que havia. Merengues brancos, verdes e rosas, bem clarinhos. Tenros e deliciosos, assados no forno do refeitório que ficava atrás do guarda-roupas.

– Vocês viram o tamanho do susto que eu dei no Senhor Jespersen hoje à noite, viram? Ele até perdeu a cor! – riu Torres Damasco.

Ele inclinou-se sobre a mesa, agarrou um enorme suspiro e o enfiou na boca.

– Por favor, espere até que todos estejam sentados – disse Malu.

– O Senhor Jespersen é colorido, papai? – perguntou Tânia Talento.

– Estava frio e ventando lá fora, crianças? – Misteriosa Malu puxou uma acadeira para Ênio Gosmento.

– Pergunte à Stella, mamãe – disse Tânia Talento.

– Por quê?

Guincho finalmente conseguiu aquietar Horácio, que zanzava de um lado para outro sob o teto elevado. Todos se sentaram à mesa.

Esmê ficou na cabeceira, com o Mulambinho no colo. Stella fingiu não ter escutado a pergunta e ficou olhando, distraída, através da enorme janela da oficina. Logo mais, a noite daria lugar ao dia, e um fino feixe de luz começava a se insinuar no pátio do outro lado da porta principal. Àquela altura, era fundamental que todos os fantasmas estivessem escondidos. Quando os humanos chegavam para trabalhar na oficina, os fantasmas tinham que se esconder debaixo das estantes ou, melhor ainda, nas prateleiras mais altas. Mas primeiro era preciso comer. Franzidinha olhava admirada para Stella. Ênio mastigava de boca aberta.

– E a Senhora Jespersen, o que fez? – perguntaram Horácio e Linette ao mesmo tempo.

Torres Damasco sorriu.

– A Senhora Jespersen ficou completamente pálida, parecia um fantasma.

O grande fantasma riu da própria piada e contou mais sobre todos os que ele, Esmê, Guincho e Horrenda tinham conseguido assustar e sobre como as pessoas tinham ficado apavoradas.

– Decidimos ir bem alto na atmosfera e voar contra o vento pra voltar pra casa – disse Guincho num tom sério.

– Buuuuuuuuuuuu! – disse a velha Ulla, tomando o Mulambinho dos braços de Esmê. – Vou dar a ele a mamadeira com leite de fantasma.

Esmê franziu o cenho. Stella observou a cena e imaginou que sua mãe também a embalava daquele jeito para que dormisse.

Às vezes Asquerosa Ulla era convocada para missões secretas. Stella não sabia nem por quem nem por quê. Ela apenas era convocada. Então saía, às vezes sozinha, às vezes com o Mulambinho nos braços. Depois voltava na noite seguinte, sempre quando ainda estava escuro ou pouco antes do amanhecer. Às vezes com uma gota de sangue manchando o lençol, às vezes sem Mulambinho. Stella não ousava perguntar nada, porque era UGGY!

Uggy era o termo que os fantasmas usavam para descrever tudo o que fosse estranho, horrível e sinistro. Se alguém sussurrasse "uggy!", algo de muito ruim poderia acontecer.

– E agora, crianças, vou lavar e passar vocês – disse Malu de repente, com sua voz aguda.

Guincho reuniu seus trigêmeos.

– Horácio, Franzidinha e Linette, vocês deixam pra tomar banho amanhã.

– Mas vocês três vão ser lavados e passados – repetiu Malu apontando para Stella, Tânia e Ênio. – Porque vão começar na Escola Noturna à meia-noite.

– Não, obrigada! – gritou Stella, pegando o último suspiro e deixando rapidamente a mesa.

– Quem lhe deu permissão pra pegar o último? – Torres Damasco lhe dirigiu um olhar severo.

– Você está sendo gulosa, Stella – disse Malu, preocupada.

Tânia e Ênio a encararam. Eram espertos e sonsos o bastante para nunca responderem aos pais.

Stella enfiou o suspiro na boca e saiu dali o mais rápido que pôde.

– Eu recusei o banho de uma maneira educada – disse, cuspindo migalhas.

Horácio riu, deliciado, livrou-se da mão de Guincho e correu atrás dela.

– Faça o que a Malu disse.

Torres levantou-se. Quando jovem, ele era vermelho escarlate e tinha sido usado como capote, aquele pano de toureiro. Mas um dia caiu num balde de água sanitária e desbotou.

– Eu vou lavar todos ao mesmo tempo – disse Malu, determinada. – Fantasmas precisam ir limpos à escola.

Torres Damasco agarrou Stella e a segurou firme, arrastando também Ênio e Tânia. Irritado, Guincho conseguiu conter Horácio. Esmê e a velha Ulla retiraram os pratos da mesa, e Mulambinho começou a choramingar baixinho.

– Agora vou encher o balde na lavanderia – disse Malu, decidida. Torres Damasco foi atrás dela e pôs as três crianças no chão. Stella revirou-se pelo avesso, em protesto, e sentou com as pontas dobradas diante da secadora.

– Você não pode chegar na escola imunda desse jeito, Stella – disse Tânia Talento, num tom implicante. Ênio Gosmento parecia aborrecido.

– Isso mesmo. No primeiro dia de escola é preciso estar bonito e sem manchas – reforçou Malu.

– Eu não tenho uma única mancha – gritou Stella ainda do avesso, arrancando alguns fiapos. – Além disso, quem foi que disse que é preciso estar limpa pra parecer linda?

– Não começa, Stella! – guinchou Tânia.

– O que há de especial em ser lavada e ficar limpa? – protestou Stella. – E eu detesto ficar com vinco na barriga.

A Primeira Verdade ❱ 23

– Você é uma fantasma muito rude e má – disse Malu Graça Damasco com sua voz estridente.

Tio Torres se aproximou e arrastou Stella pelo nó, virando-a para o lado certo e dizendo:

– Estou cansado desse seu mau comportamento. Todos aqui se comportam bem e me obedecem. Mas você é uma fantasminha egoísta e levada.

– Você precisa se comportar, pois não tem poder nenhum – disse Malu. – Você não é maior do que uma fronha de tamanho médio. Devia ser grata por morar aqui conosco.

– EU SOU MUITO MAIOR QUE UMA FRONHA DE TAMANHO MÉDIO! – esbravejou Stella. – E não sou egoísta nem levada, sou assustadora.

– Ela está só brincando, mamãe – disse Tânia, hesitante. – E é grata por poder morar aqui conosco, porque não tem mais mãe.

Misteriosa Malu arqueou as sobrancelhas, orgulhosa.

– Veja só, Stella, Tânia é a fantasminha mais educada do mundo. Você deveria ser como ela.

– Mas eu tenho mãe! – murmurou Stella.

A velha Ulla entrou na lavanderia e pediu que Malu e Torres se acalmassem. Esmê veio flutuando atrás, tirou Mulambinho dos braços e desapareceu no depósito de tecidos.

– Não quero ser como Tânia, ela se acha melhor que todo mundo e é falsa.

Stella olhou nos olhos da velha Asquerosa Ulla .

Misteriosa Malu deu um suspiro. Encheu um balde d'água e o colocou no chão, no meio da lavanderia.

– Vamos lá, os três – disse ela exausta, jogando Ênio e Tânia dentro do balde.

Torres Damasco agarrou Stella e a pôs na água junto com os outros dois.

A velha Ulla foi para longe dali. Misteriosa Malu inclinou-se sobre o balde, esfregou bem os três e apanhou uma garrafa de sabão dentro do armário.

– Argh! Sabão líquido! – protestou Stella.

– Aroma de rosas ou limão? – Malu olhou para o balde, resignada.

– Rosas – gritou Tânia. – Não, quer dizer, limão!

Ênio se sacudiu na água. Malu despejou o sabão bem na cabeça dele.

– Credo, que cheiro de cocô! – exclamou Stella. – Não é uma boa ideia ficar cheirando assim se formos assustar pessoas. Elas vão sentir o cheiro antes de nos ver.

– Verdade, minha querida, nesse ponto você tem razão – concordou Torres Damasco. – Quando eu fui assombrar o sótão daqueles prédios antigos no centro, alguém de repente disse que estava sentindo um aroma de violetas.

– Hahaha! – Malu riu alto. – É porque você tem um cheiro delicioso!

Ela pôs a garrafa no chão e esfregou as crianças algumas vezes para a frente e para trás, no balde, antes de enrolá-las como se fossem três salsichas e colocá-las uma ao lado da outra sobre a bancada. Em seguida, sacudiu as três no ar.

– Ai, minhas costurinhas! – gritou Stella. – Isso é muito uggy!

Ênio se contorceu, desvencilhou-se das garras da mãe e quase conseguiu escapar, mas o pai o alcançou e o meteu na secadora de roupas. Stella e Tânia também foram arremessadas lá dentro e, em seguida, a escotilha de vidro se fechou.

– Isso é o que eu chamo de uma educação adequada – riu Torres Damasco, satisfeito.

Malu apertou o botão da máquina e o tambor da secadora começou a vibrar e a girar. Tânia, Ênio e Stella rodopiavam no ar quente.

Stella olhou através da grossa escotilha de vidro. O cheiro forte de limão a deixou enjoada. Num relance, viu seu reflexo no vidro espesso. Seu rosto estava alongado e enrugado. De repente, devido à umidade, um arco-íris se formou na porta da secadora, e o eco da voz da mãe ressoou em sua mente. "Quem quiser ver o arco-íris precisa suportar a chuva, minha assustadora Stellinha."

Stella virou o olhar para o ponto onde as cores desapareciam e se lembrou da mãe, que tinha tido o azar de despencar do alto da prateleira, tendo sido apanhada por uma costureira e enfiada debaixo da agulha de uma máquina de costura antes mesmo de poder dizer alguma coisa. E, como num passe de mágica, ela se transformou num casaco, com braços, cinto e cinco botões pretos na parte da frente. Desde então, ninguém mais voltou a vê-la.

De repente a lembrança daquele dia horrível parecia que nunca mais iria embora. Stella era apenas uma fantasminha, uma pequena e solitária fantasma. As lágrimas começaram a rolar em seu rosto.

Quando Malu finalmente abriu a máquina e tirou os três lá de dentro, Stella ainda estava úmida. Malu os sacudiu novamente, esticando-os depois sobre a tábua de passar.

– Pronto, agora vou passar vocês.

– Muito bem, mamãe – disse Tânia Talento.

– OK, então – concordou Ênio Gosmento.

Stella ficou em silêncio.

Esmê zanzava de um lado para outro, tentando acalmar Mulambinho. Torres Damasco tinha ido para o escritório do dono da oficina.

– Stella, você ainda está úmida! – disse Malu, irritada.

"É por causa das lágrimas", pensou Stella.

Malu a esticou e ergueu o ferro de passar. Stella se contorceu: o ferro estava em brasa!

Mas Malu a segurou com força e a passou com golpes grosseiros até ela estar bem esticada e seca.

Ênio e Tânia não deram um pio. Tinha chegado a vez deles. Depois, Malu conduziu todos ao depósito de tecidos e os empilhou na prateleira superior, ao lado de Horácio, Franzidinha e Linette. Stella ficou entre Ênio e Tânia, para não ter como escapar dali.

– Boa noite, meus trapinhos – disse Malu. – Mais um dia e, então, quando o relógio bater meia-noite, você vão começar na Escola Noturna. Vai ser uma experiência e tanto!

– Eu acho que não vou gostar dessa experiência e tanto – resmungou Stella.

Na pilha ao lado, Franzidinha sussurrou: – Você é a fanplasma mais legal que eu conheço, Stella. Quando crescer, quero ser igual a você.

Stella a corrigiu:

– Fantasma, Franzidinha, não fanplasma – e sorriu. Franzidinha era uma fantasminha muito educada e não era de ficar fazendo intrigas como Tânia Talento.

Os adultos limparam a mesa, as cadeiras, os pratos, a comida e tudo o mais que pudesse denunciá-los. Lavaram pratos e xícaras na pia do refeitório e em seguida colocaram tudo junto, mesa e cadeiras inclusive, dentro da gaveta invisível que ficava na parede do galpão da oficina. Por fim, secaram o chão da cantina e da lavanderia usando os próprios corpos e se dobraram bem direitinho, empilhando-se uns sobre os outros, ao lado das crianças fantasmas. Esmê e Mulambinho formaram uma pilha à parte. Nas prateleiras abaixo dos fantasmas, ficavam pilhas e pilhas e rolos de tecidos comuns, com padrões quadriculados, estampados e listrados. E tecidos lisos de cores mais vivas e mais discretas.

– Lembrem-se de ficar quietinhos agora. – Misteriosa Malu Graça Damasco deitou-se ao lado de Torres e de Ulla.

– Porque os humanos não veem diferença nenhuma entre fantasmas de verdade e tecidos ordinários – explicou Torres Damasco.

– Enquanto ninguém se mexer aqui, ninguém lá fora irá notar – acrescentou Asquerosa Ulla em tom sério.

Os fantasmas adormeceram no exato instante em que o primeiro clarão do dia iluminou as janelas. Minúsculas partículas de pó dançavam pelo ar, iluminadas pelos raios de sol. Stella sonhou um sonho doce: a noite de verão em que ela e a mãe tinham flutuado sobre o prado florido bem atrás da Oficina de Costura. Estava tão lindo, salpicado de margaridas amarelas e brancas despontando sobre a grama alta! Elas conversaram só sobre coisas boas, que as deixavam felizes. Naquele dia, Stella achou que a vida seria assim para sempre.

Capítulo Três

Senhor Mysac, Senhora Vampe e Careta Bruta

Precisamente às sete horas, a enorme porta da oficina se abriu com um estrondo. Era o proprietário, Senhor Heitor Mysac.

– Calma, calma, Careta! – disse ele para seu cachorro. Em seguida, pendurou a enorme chave da oficina num gancho. Careta Bruta não era nenhum cachorrinho fofo: era grande e ameaçador. Igualzinho ao dono da oficina, que, quando␣sorria, era um sorriso sinistro, e seus dentes eram protuberantes e afiados. Tanto ele quanto o cachorro mais pareciam dois lobos.

A secretária, Senhora Vampe, sempre os acompanhava. Caminhava atrapalhada atrás de Heitor Mysac. Era magra e alta, usava um vestido cinza e tinha um nariz comprido e fino. Circulava, bisbilhotando e prestando atenção em tudo o que acontecia dentro da oficina. Fazia quarenta anos que trabalhava ali.

Às vezes ela se detinha nos cantos e parecia sentir as coisas no ar. Naquele momento, achou que tinha sentido um leve aroma de limão, baunilha ou rosas, mas não conseguiu descobrir de onde vinha.

– Vou ali fazer um pouco de café, Senhor Mysac – disse.

– Pode ir, Senhora Vampe, e consiga um pouco de ração para o Careta, ou então ele vai acabar mordendo um operário.

– Claro, Senhor Mysac.

– E peça aos operários que acelerem o trabalho, quando chegarem. Você sabe que eu odeio gente lerda, e sou bravo e impiedoso!

– Claro, Senhor Mysac – sorriu a Senhora Vampe. – Pode deixar que eu lhe trago o café assim que ficar pronto.

Heitor Mysac grunhiu de contentamento e entrou em seu escritório, separado do depósito de tecidos apenas pela parede. Junto ao teto havia uma pequena rachadura, de forma que os fantasmas podiam espiar o que se passava lá dentro.

Stella estava acordada. Preferia prestar atenção ao que acontecia em volta em vez de ficar ali quietinha, dobrada, como se fosse um lencinho cheio de babados. Esgueirou-se entre Ênio e Tânia, que dormiam profundamente, e deu uma espiada pela brecha da parede.

Heitor Mysac estava sentado atrás da pesada escrivaninha. Careta Bruta estava esparramado no chão. O proprietário da oficina tinha os óculos pousados sobre o nariz e, como de costume, conferia as chaves das portas dos corredores. Eram chaves especiais, bem esquisitas. Ficavam dentro da gaveta da escrivaninha, que também vivia trancada. Stella se perguntava onde os corredores iam dar e o que estava escondido atrás das portas.

O Senhor Mysac bateu a gaveta com tanta força que o ruído assustou Torres Damasco. Stella prendeu o fôlego por um instante, mas Torres voltou a dormir.

Pela rachadura, ela viu que Heitor Mysac tinha arrastado uma grande pilha de papéis para perto de si. A Senhora Vampe havia chegado trazendo sua xícara de café, mas ele não desviou o olhar do que estava fazendo, apenas murmurou alguma coisa e continuou a folhear rapidamente os documentos. Talvez houvesse ali, naqueles papéis, algo sobre que fim tinha levado sua mãe, Mágica Mulda, pensou Stella.

Assim que os operários começaram a chegar à oficina, Stella deixou-se flutuar duas prateleiras abaixo. Endireitou-se e esperou, no alto de uma pilha de tecidos, enquanto observava os operários trocarem os sapatos por outros de uso interno. Em seguida, beberam um pouco de café, pegaram moldes, tecidos e tesouras e sentaram-se diante de suas máquinas de costura, que logo em seguida começaram a ranger e a vibrar.

"De dia é perigoso para fantasmas, não importa o lugar", pensou Stella. À luz do dia, não é possível ter paz. Somente depois das seis da tarde, quando todos já tinham deixado a oficina e a enorme porta estava trancada, é que Stella e os outros fantasmas ganhavam vida novamente.

De repente, a Senhora Vampe deu uma espiada no depósito de tecidos. Stella ficou completamente imóvel. A secretária de Heitor Mysac murmurou:

– Tenho a impressão de que há alguma coisa muito estranha aqui. Só não sei direito o quê.

"Ela não sabe que nós, fantasmas, vivemos ao lado dos humanos, que aquilo que os humanos acreditam ser apenas um lençol, uma coberta de cama, uma toalha de mesa, um véu de noiva ou uma toalha de banho talvez seja um fantasma de verdade", pensou Stella. Quis soltar uma gargalhada, mas se conteve. A Senhora Vampe, que já estava a caminho da porta, subitamente deu meia volta e ficou observando a prateleira. Stella prendeu o fôlego. E se ela arrastasse a escada e decidisse inspecionar a prateleira superior?

A Senhora Vampe ficou imóvel como uma estátua, apenas tentando ouvir alguma coisa. Então farejou algo no ar. "Limão", supôs. "Está cheirando a limão aqui dentro."

"Não posso espirrar agora", pensou Stella, que escutou o ruído dos operários esticando os moldes de papel sobre os tecidos, que depois recortavam e costuravam, dando forma a calças, vestidos e casacos, como se a vida deles dependesse disso.

A secretária permaneceu por mais um tempo lá dentro até, finalmente, girar sobre os calcanhares e ir embora.

Stella desceu mais uma prateleira e se instalou sobre uma pilha de seda lilás. Já estava para flutuar de volta quando uma costureira entrou no depósito, dizendo para si mesma:

– Vou ver se acho algum tecido com estampa havaiana.

Stella ficou calada sobre a seda lilás, ao lado de um rolo de cetim amarelo. Por fim, a costureira apanhou um tecido xadrez e saiu por onde tinha entrado. Stella respirou aliviada, inclinou-se para a frente, esticou-se e flutuou até chegar ao chão.

Assim que se sentiu roçar o piso, a costureira voltou. Stella desabou, sentindo o estômago revirar-se, uma sensação terrivelmente uggy. A costureira aproximou-se, decidida, e apanhou Stella do chão.

– Acho que posso usar esse aqui. É, acho que vai ficar bom. Vai, sim!

Levou Stella para o galpão da oficina, colocou em uma mesa e pôs sobre ela um molde de papel, que fixou com alfinetes. "Ai, isso dói! Ai, que coisa, como doem esses alfinetes!" Stella queria se contorcer de dor, mas estava imóvel nas mãos da costureira, que logo pegou uma grande tesoura.

Inesperadamente, a Senhora Vampe aproximou-se. Pegou Stella e a ergueu na altura do rosto, fitando-a com olhos esbugalhados.

– Esse tecido não se presta a uma jaqueta à prova de chuva – disse, arrancando o molde de papel, removendo os alfinetes com movimentos bruscos e levando Stella para o refeitório. Lá, estendeu-a numa mesa, sobre a qual colocou um vaso de flores.

– Pronto, isso aqui vai servir como toalha de mesa, agora.

"Isso aqui sou eu", pensou Stella, que, apesar de tudo, estava aliviada por ter escapado de ser devorada pela máquina de costura.

A Senhora Vampe colocou dois pratos, dois copos e duas xícaras de café sobre Stella e disse, em voz alta:

– Senhor Mysac, venha tomar um café e comer alguma coisinha. Faça uma pausa, o senhor tem trabalhado tanto!

De repente, lá estava Heitor Mysac. Stella sentiu um calafrio percorrer o corpo.

– Venha aqui, Caretinha, seu menino mau. Venha aqui fazer uma boquinha você também.

Assustadora Stella prendeu a respiração. O cachorro horroroso rosnou baixinho e farejou uma de suas pontas. A impressão é que ele iria puxá-la e abocanhá-la com aquele focinho nojento e úmido. Como se não bastasse, o grotesco animal babou num pedaço dela e deixou um fio de baba escorrendo da beirada. Stella sentiu vontade de vomitar. Que coisa mais uggy! Logo ela, que tinha acabado de ser lavada e passada!

– Senta! – ordenou a Senhora Vampe, servindo o café nas xícaras brancas. Ninguém, a não ser ela, podia falar assim com o cão do dono da oficina. Heitor Mysac sentou-se, arremessou um torrão de açúcar para Careta Bruta e limpou as mãos, esfregando-as em Stella. Depois apoiou os punhos grossos ao lado do prato, no qual havia um gigantesco sanduíche de frango com maionese. A Senhora Vampe lhe estendeu um garfo e uma faca. O proprietário da oficina pegou os talheres e começou a cortar o sanduíche, que devorou avidamente, deixando cair migalhas de pão e pedaços de frango com maionese sobre Stella. Várias vezes ela esteve a ponto de espirrar.

Como se não bastasse, ainda tomou um banho de café quente quando Heitor Mysac derramou um bocado do líquido na mesa. Stella estremeceu quando o café a atingiu bem nas costas.

Ser uma toalha de mesa não era para qualquer um. Cheia de manchas, ela ficou estendida sobre a mesa, imóvel como uma estátua, horas a fio. Somente quando os últimos operários saíram e o Senhor Mysac desligou todas as luzes, trancou as portas e se foi, acompanhado pela Senhora Vampe e por Careta Bruta, foi que Stella respirou aliviada. Mas não conseguia sair da mesa devido ao enorme e pesado vaso de flores que repousava bem entre seus olhos.

Nesse momento, Torres Damasco materializou-se ao lado da mesa. Com muito esforço, ergueu o vaso de flores e arrancou Stella de cima da mesa.

– Mas o quê, em nome de todas as coisas mais mal-assombradas do mundo, você está fazendo aqui?! Você tem ideia do perigo a que expôs todos nós? Ninguém pode saber que existimos! Você tem que passar o dia inteiro bem quietinha na prateleira. E sabe muito bem disso!

– Eu posso explicar, Tio Torres – choramingou Stella.

Capítulo Quatro

Assustadora Stella e a Escola Noturna

O PRÉDIO DA ESCOLA era feito de tijolinhos e tinha três andares. As crianças-fantasma chegavam de todos os cantos. Vinham do depósito de lençóis do hospital, da fábrica de velas para barcos, da loja de tecidos do shopping, da lavanderia na rua principal, do salão de beleza e da velha fábrica de sacas que ficava perto do rio. Assustadora Stella, Tânia Talento e Ênio Gosmento eram os únicos que vinham da Oficina de Costura.

Exatamente à meia-noite, soou a sineta da escola. Não era o mesmo barulho que fazia de dia, era apenas um zumbido, como se fosse um enorme inseto.

A escola tinha uma única professora, Sofia Malévola. Ela morava no depósito de lençóis do Grande Hotel. No momento, tratava de organizar os 13 fantasminhas recém-chegados em fila, no enorme salão de piso xadrez. Fazia mais de noventa anos que dava aulas na Escola Noturna de Sofia Malévola para Jovens Fantasmas Indisciplinados, ou ENSMJFI.

Era assustadoramente pálida e alta. Stella notou que tinha uma mancha de tinta mais ou menos no meio do corpo, muito embora fantasmas só usassem tinta invisível. Stella, por sua vez, estava suja de café e de frango com maionese.

Sofia Malévola olhou carrancuda para os jovens fantasmas, que não deram um pio.

– Isso aqui não é nenhuma colônia de férias, e sim um fórum para o aprendizado – disse, numa voz firme. – Agora, me acompanhem!

"*Fórum* é uma palavra divertida", Stella pensou. Certamente, tinha a ver com o ambiente ao redor das salas.

Encabeçando a fila, a professora seguiu pelos corredores até chegarem à sala de aula.

– Todos sentados, rápido! Não temos muito tempo. A noite é curta, e não perdemos tempo com bobagens aqui.

Stella sentou-se no fundo da sala, ao lado de Tília Coragem, que já conhecia. Tília morava no depósito de lençóis do hospital junto com a família. Era conhecida como o Horror do Hospital.

Tânia Talento e Ênio Gosmento, é claro, ocuparam logo a primeira fila.

Stella olhou ao redor da sala. As cortinas das altas janelas estavam fechadas, e as crianças humanas, que frequentavam a escola de dia, tinham feito desenhos que decoravam as paredes.

A primeira aula não começou assim tão mal. Em cima de cada carteira, havia um caderno em branco e uma caneta de tinta invisível. Os fantasminhas não estavam ali para aprender as mesmas coisas que as crianças humanas. Fantasmas sabiam ler e escrever desde pequenos.

Sofia Malévola, de pé ao lado da lousa, saudou:

– Sejam bem-vindos, seus trapinhos horríveis.

Sua voz não era apenas aguda, mas também rouca.

– Vocês vão aprender sobre espírito indomável, lençóis aterrorizantes, mentirinhas, táticas de assombração e frio no estômago. Além disso, nossas aulas incluem flutuação e voos táticos orientados por radar. Treze alunos na sala significa azar, e isso é muito bom – prosseguiu. – Vocês vão fazer o que eu disser, e não devem retrucar. Quem fizer isso será automaticamente pendurado no gancho da vergonha.

Stella levantou a pontinha:

– Pois não, Assustadora Stella?

– Desculpe, mas onde está o gancho da vergonha, Honorável Edredona?

– Stella achou melhor ser mais formal no primeiro encontro.

– Bem ali, minha jovem mulamba. – Sofia Malévola apontou para um gancho que pendia do teto, lá atrás. – E você não deve me chamar de Edredona, é muito pouco para alguém da minha posição.

Tília Coragem riu baixinho.

– OK, Pavorosa – disse Stella.

– E se continuar a me incomodar, sua terrivelzinha, você vai estrear o gancho – disse Sofia Malévola, acrescentando: – Pode me chamar de Senhora Sofia.

– Perfeitamente – respondeu Stella.

Sofia Malévola a encarou demoradamente e continuou:

– O mais importante para um fantasma é que as pessoas acreditem que ele existe; é preciso ter um espírito indomável e jamais desistir. Se um fantasma não parecer crível, isto é, se não acreditarem que ele existe, então está tudo errado. Vocês serão treinados para assustar as pessoas ao máximo.

Stella e Tília comemoraram.

Sofia Malévola prosseguiu:

– Além disso, aprenderão a uivar e a interpretar os raios de luz vindos das estrelas. Nós, fantasmas, temos cinco anos-luz pra descobrir a sétima estrela. É tempo mais do que bastante. A sétima estrela é muito difícil de ser vista, mas está lá, apontando pra Terra com seus raios, indicando lugares que os fantasmas precisam descobrir. E alguns dos raios apontam pra cima, na direção do universo. E o que vocês acham que existe lá?

– O céu, professora – disse Tânia Talento.

– Sim, mas além do céu?

– A Via Láctea – disse Stella em voz alta como um uivo.

– Com quem você andou conversando, Assustadora Stella?

– Com a velha Asquerosa Ulla. Ela me falou do enigma da Via Láctea e disse que todos os lugares da Terra podem ser vistos de lá. E também me contou da sétima estrela. Quando vamos aprender mais sobre ela?

– Isso será bem mais adiante. Você tome cuidado, Assustadora Stella, pra não desenvolver suas habilidades rápido demais. Primeiro, vamos nos concentrar nas palavras. Vocês irão aprender uma nova palavra perigosa a cada noite. A primeira é *confecção*! Cuidado com essa palavra! Tomem nota e lembrem-se sempre. Vou fazer uma arguição sobre ela amanhã. Depois que todos tomarem nota, vamos aprender um pouco de ciências. Vocês vão estrear a habilidade que têm pra voar, seguindo meu exemplo. Venham comigo, vamos lá fora. Não temos tempo a perder. Vou ensiná-los enquanto voamos.

Lá fora, no jardim da escola, Sofia Malévola retomou a explicação:

– Para dominar a arte do voo e da flutuação é preciso aprender a mudar de direção e a captar os sinais. Muita coisa depende do frio que se sente na barriga, do poder das estrelas e da crença em milagres. Vocês agora vão aprender a voar mais alto do que jamais voaram.

Sofia Malévola virou-se de costas para os alunos.
– Sigam-me!
Lentamente, ela começou a levitar.
– Vamos lá, deixem que a corrente de ar leve vocês. Aproveitem o máximo dela, pequenas almas penadas!
Um a um, os fantasminhas ensaiaram flutuar. Stella foi a quinta a tentar. A visão da cidade lá embaixo era simplesmente fantástica. Tudo parecia tão pequenininho, até mesmo o hospital, o hotel e a Oficina de Costura.
Depois de um início temeroso e desajeitado, a professora e os alunos aceleraram e flutuaram ainda mais alto.

A Lua estava branca como uma ilha de papel contra o céu escuro, flutuando sobre colinas e escarpas.

– Eu adoro isso! – gritou Stella para Tília Coragem, que voava ao seu lado.

– Eu também! – disse Tília Coragem.

– Buuuuuuuuuuuu! – uivaram as duas.

Como se quisesse despistá-los, Sofia Malévola fez uma súbita manobra para cima. Ofegantes, os bravos fantasminhas conseguiram acompanhá-la. Ela se deixou despencar de repente e flutuou sobre as copas das árvores, com uma fila de fantasmas atrás. Tudo foi rápido demais. Stella freou e se deu conta de como aquilo lhe dava uma sensação de liberdade e de ousadia. E achou que Sofia Malévola voava como uma bailarina.

De repente, Tânia Talento esbarrou numa árvore e despencou no chão como um farrapo. Foi tão engraçado que Stella desatou a rir bem alto.

Tânia Talento ergueu-se, olhou ofendida para Stella e disse:

– Como você ousa rir de mim porque esbarrei numa árvore? Vou contar pra mamãe e pro papai. Você não tem mãe e não pode voar junto com ela! Mas eu tenho!

– Isso é uma coisa muito feia, Tânia. – Stella sentiu um vazio no estômago e pousou no topo de uma árvore. As folhas chacoalhavam, embaladas pelo vento.

– Hahaha! – Ênio Gosmento gargalhou e deu um sorriso frio como gelo.

– Você ficou triste, Stella?

– Parem já com essa briguinha! – ordenou Sofia Malévola.

– Não fiquei triste – disse Stella, pairando sobre o galho em que estava. – Eu apenas me cansei.

Em seguida, voou para junto dos demais, rodopiando no ar algumas vezes.

– Venha aqui! – gritou Sofia Malévola. – E você, Tânia Talento, precisa prestar mais atenção. Não vamos voar pra montanha mais alta hoje – prosseguiu ela, olhando para o grupo. Grandes altitudes podem roubar o fôlego de qualquer um, e se existe uma coisa que um fantasma precisa ter em mente é a importância da respiração e do olfato – afirmou, convencida, a professora. – Agora vamos perturbar o radar meteorológico no aeroporto – riu. – Um pouco de diversão às custas dos pilotos e meteorologistas no meio da aula não vai nos fazer mal. Pra não falar dos controladores do tráfego aéreo: eles vão pirar. Vamos lá, crianças!

Na manhã seguinte lá estava a notícia no jornal dos humanos:

TEMPESTADE À NOITE!
Radar registra intensos distúrbios meteorológicos. Esta noite os operadores do radar observaram várias pequenas nuvens de tempestade no céu. Elas se moviam na velocidade da luz. Os meteorologistas não conseguiram explicar direito o fenômeno.

Capítulo Cinco

Verdades, inverdades e o gancho da vergonha

    Na noite seguinte o cronograma previa somente aulas teóricas, nada de passeios fora da escola. Embora tenha começado bem, a aula terminou mal para Stella.

    Assustadora Stella e Tília Coragem tinham ficado bem unidas e amigas. E Tânia Talento não estava gostando nada disso:

— Não esqueça que eu é que sou sua amiga, Stella — repetiu várias vezes.

Sofia Malévola cobrou a lição de casa:

— Ênio Gosmento Damasco, qual era a palavra perigosa de ontem?

Ênio fitou a capa do caderno à sua frente, sobre a carteira

— Não estou bem lembrado — disse, finalmente.

Determinada, Tânia Talento ergueu uma ponta

— Sim, Tânia Talento, você pode ajudar seu irmão desmemoriado?

– *Confecção*, professora.

– E o que significa *confecção*?

– É tudo aquilo que é costurado, professora. Jaquetas, calças, vestidos...

– Resposta perfeita, Tânia. Você é muito talentosa. Agora escrevam no caderno a expressão "sem fio" e pesquisem o que significa. A título de informação, eu diria que em breve vocês também irão aprender sobre A Primeira Verdade. A Primeira Verdade é algo que tem a ver com a identidade. Ao todo vocês vão aprender Dez Verdades. Sabem o que isso significa?

– Não! – gritaram Stella e Tília ao mesmo tempo.

– Eu acho que sei – disse Tânia Talento.

Sofia Malévola pôs os olhos em Ênio Gosmento.

– E você?

– Eu não sei direito. Não faço ideia.

– Isso é bem típico de você, Ênio Gosmento. Alguns de vocês são lerdinhos, enquanto outros são mais espertos. Vão compreender as Dez Verdades cada um a seu tempo. Não vai demorar muito pra que eu descubra quem é quem: no fim de cada semana, vou anotar meus comentários sobre vocês num grande livro de cabeceira. Este aqui! Ele vai me mostrar exatamente em que ponto vocês estão. E a cada Verdade que descobrirem, vocês vão receber um calendário, o Calendário do Crescimento. E bem na reta final, quando tiverem descoberto todas as Dez Verdades e feito todas as provas, vocês vão receber seu Calendário da Vida. Lá também ficarão sabendo quem vocês vão se tornar.

— Não fale em códigos, por favor – pediu Stella.

— Mas com quem você acha que está falando para ter essa liberdade?! Quando eu estiver falando, mantenha seu focinho fechado!

— Não tenho nenhum focinho! – disse Stella, ofendida. – Quem tem focinho é cachorro. Careta Bruta, por exemplo. Ele baba. É nojento, fedido e xereta.

A turma veio abaixo. Sofia Malévola se aproximou rapidamente de Stella e estacou diante de sua carteira.

— Ah, torrãozinho de açúcar! – disse com ternura.

— Obrigada – disse Stella.

Os outros fantasmas engoliram em seco. Stella percebeu que

quanto mais macia a voz, mais ameaçadora ficava a professora.

Tudo aconteceu muito rápido: Sofia Malévola agarrou Stella e lhe deu um grande nó. Ao mesmo tempo, abriu uma pequena escotilha no teto, acima da carteira de Stella, e, antes que a fantasminha percebesse, estava completamente encharcada, desabando no chão. Sofia Malévola agarrou e levou Stella, ainda pingando, para o terrível gancho da vergonha, que imediatamente fez descer do teto. Pendurou Stella no gancho e puxou bem para o alto.

– Agora você vai ficar pendurada aí até suas orelhinhas ficarem bem sequinhas, está entendido?

– Eu achava que a gente vinha pra escola pra aprender a se virar – disse Stella com a boca cheia d'água. – Aliás, foi você quem disse isso.

A água que escorria dela se acumulava numa poça no chão. Sofia Malévola ficou parada, encarando-a com um olhar nada amistoso. "Ela parece tão imponente daqui", pensou Stella, com medo.

Sofia Malévola resmungou:

– Você precisa aprender umas lições. Disso não tenho dúvida!

Rapidamente, ela caminhou entre a fila de carteiras e voltou à sua escrivaninha, que ficava numa plataforma diante da lousa.

– Vamos continuar. A primeira tarefa que vou passar é muito fácil. Vou fazer uma lista do que as crianças humanas têm medo.

Pegou um pedaço de giz e escreveu na lousa:

– Quem aqui pode me dizer o que há de errado com essa lista?

Tânia Talento virou-se e olhou para Stella, ainda encharcada. Ênio Gosmento estava cabisbaixo. Tília Coragem sorriu torto para a amiga.

Sofia Malévola encarou a turma inteira com uma expressão interrogativa.

Stella tinha o olhar fixo na lousa. "É preciso ter olhos de águia pra conseguir enxergar as letras a essa distância", pensou, e em seguida disse: – Tem uma mancha de tinta na sua barriga, Senhora Sofia.

– Tem o quê?!

– Uma mancha de tinta na barriga, Senhora Sofia – repetiu Stella. – Será que isso tem a ver com o frio na barriga? Ou será que a senhora não é assim tão imaculada?

A Primeira Verdade ❭ 53

– Como ousa mencionar minha tragédia pessoal e minha aparência dessa maneira? Você está me tirando do sério!

As crianças fantasmas engoliram em seco de tanto medo.

– Não – disse Stella. – Eu não tiro a senhora do sério. Estou aqui pendurada, ensopada, amarrada num gancho e malcompreendida.

Sofia Malévola tremia de raiva:

– Você é uma pestinha, Assustadora Stella! Ou aprende a se comportar, ou vou cortar você em retalhos!

– Retalhos de que tamanho, Senhora Sofia?

– Estou a ponto de me rasgar de tanto ódio! Alguém pode responder à minha pergunta? O que há de errado com a lista que está na lousa?

A turma ficou em completo silêncio.

– OK – disse Sofia Malévola muito irritada, riscando as quatro primeiras palavras com gestos ríspidos.

– Monstros, bruxas, trols e bestas não existem de verdade. Eles são Inverdades. Nesse mundo há Verdades e Inverdades. Essa é a resposta, seus pequenos idiotas! Comecem a raciocinar! A maioria das coisas de que as crianças humanas têm medo, portanto, não existem de verdade. Mas fantasmas existem! Logo, é de extrema importância que cuidemos bem da nossa reputação, pra que as crianças humanas acreditem em nós.

O relógio marcava 3h32 quando o gancho finalmente foi abaixado e Stella, tirada de lá. Ainda estava bem úmida nas costuras mais baixas, e uma nova punição a aguardava: como lição de casa, deveria assombrar crianças humanas enquanto dormiam.

– Os demais podem ir pra casa, mas você, Stella, precisa aprender essa lição. Como punição adicional, ainda essa noite, vai encontrar e assombrar a criança que senta na sua carteira durante o dia. Pode abrir a tampa da carteira e ver quem é. Em seguida, vá direto pra casa onde essa criança mora com o pai, ache o quarto onde ela dorme e a assombre. Está entendido? E amanhã você vai nos contar direitinho como foi!

Capítulo Seis

Dois acontecimentos terríveis

— Que coisa mais uggy — sussurrou Stella, tremendo na base enquanto olhava para Tília Coragem, que tinha ficado ali para ajudá-la.

— Aguente firme, Stella. Você é feita de poeira das estrelas! Vai conseguir — disse Tília, dando um sorriso encorajador para sua nova amiga, flutuando porta afora e indo embora.

Stella deu um suspiro e olhou dentro da carteira, onde havia uma pilha de livros. *Pinneus Mysac – Rua das Castanheiras, 12*: estava escrito na capa de um dos livros.

— É Pinneus, filho de Heitor Mysac! — sussurrou ela na sala vazia, baixando a tampa da carteira.

Pinneus às vezes visitava a oficina depois da escola e ficava brincando pelos galpões. Certa vez, ele até chutou uma bola para dentro do depósito de tecidos. A bola atingiu a prateleira superior e quase derrubou o pedaço onde ficavam os fantasmas, deixando Torres Damasco furioso durante vários dias. E Heitor Mysac também ficou bravo. Coitado do Pinneus, que tinha um pai daqueles. O dono da oficina não parava de xingar o menino.

Sentada na carteira, Assustadora Stella encolheu os ombros. Que bobagem tinha feito! Por que sempre tinha que se meter em apuros? Um vazio tomou conta dela. Por que era tudo tão horrível e triste?

Sofia Malévola tinha dito que ia ensiná-los a dominar as artes do voo e da flutuação, que era tudo uma questão de dominar o frio na barriga, orientar-se pelo poder das estrelas e crer em milagres. "Você é feita de poeira das estrelas", Tília dissera. Stella endireitou-se na carteira. Uma fantasma não podia se dar ao luxo de murchar de tristeza dentro da sala de aula apenas porque o mundo parecia estar contra ela. De repente, escutou a voz da mãe sussurrando dentro da sua cabeça: "Mantenha o foco, minha Stella, mantenha o foco e siga adiante".

– Foco – disse Stella em voz alta, saltando da cadeira e respirando fundo. – Manter o foco e seguir adiante! Vamos agir! Eu existo! E disponho de muito tempo! Pinneus Mysac, lá vou eu assombrar você!

Assustadora Stella atravessou a sala planando e foi até a porta da sala de professores, onde sabia que Sofia Malévola ficava. Apurou os ouvidos, mas não escutou um só ruído.

– Vamos agir – sussurrou para si mesma e atravessou o corredor, enrolando-se toda e esgueirando-se pela fechadura da porta principal. Flutuando baixinho, ela cruzou o jardim da escola e saiu na rua principal.

Não se via ninguém: a rua estava deserta, as lojas e restaurantes, fechados.

Ao longo da rua havia carros estacionados. Stella seguia sob as marquises dos prédios altos, espiando sorrateiramente as vitrines iluminadas, olhando automaticamente, de relance, para os manequins, para ver se a mãe por acaso não estava pendurada num deles. Mas não estava.

Stella tomou fôlego e encheu de ar seu corpo de pano, para escalar a fachada de um prédio comercial. Rapidamente, deu uma cambalhota ao chegar no teto e espiou lá embaixo, na direção da rua das Faias. A casa de Heitor Mysac ficava mais adiante, na rua onde havia uma fileira de imponentes castanheiras, não longe da Oficina de Costura.

Stella desceu do teto, correu os olhos por uma fileira de carros estacionados, atravessou dois gramados bem amplos e, de repente, se viu diante do portão da casa onde moravam Heitor Mysac e seu filho, uma bela casa de muros cor-de-rosa e paredes abobadadas. Stella se escondeu atrás do muro, perto do portão, e admirou a casa por trás do jardim bem cuidado. Na garagem estava o enorme carro preto do Senhor Mysac. O jardim era cortado por um caminho de lajes de pedra entre as quais cresciam tufos de musgo. Stella não desviava o olhar da casa de janelas embaçadas e escuras. De repente, percebeu que fazia frio. Suas orelhas ainda não estavam bem secas, e ela sentiu um calafrio e estremeceu. Além disso, estava com fome.

Só então se deu conta de que o desprezível pai de Pinneus e o repulsivo cão Careta Bruta deviam estar dentro da casa. Stella engoliu em seco, mas logo se recompôs.

– Coragem e foco – repetiu para si mesma e precipitou-se como um raio. Cruzou o gramado do jardim com a velocidade de um projétil, parando somente ao alcançar o muro além das roseiras. Olhou para o alto: a janela estava logo acima.

Soprando através da copa das árvores, um outro som, mais discreto, ecoava em sua mente: era o som do medo que sentia. Assustadora Stella estava com medo. Deu uma última olhada para a escuridão do jardim e se espremeu por uma fresta da janela.

Dentro do quarto, estava tudo quieto e escuro. Ela conseguiu enxergar o contorno de uma cama, uma escrivaninha com uma cadeira e um abajur de ferro que mais parecia um monstro de tão feio. A cama estava coberta por um edredom espesso, e sobre o travesseiro repousava uma cabeça com a cabeleira bem assanhada. Alguém ali estava respirando!

Stella prendeu a respiração para escutar. Imagine só se aquele fosse o dono da oficina?! Aguçou o olhar e se aproximou da cama.

Logo sorriu, aliviada: era mesmo Pinneus Mysac que estava deitado ali. Respirou novamente e se deu conta de como o medo tinha tomado conta dela. Tomou coragem, inclinou-se sobre o garoto e roçou o dedo em sua bochecha. "Pinneus certamente inspirou e expirou o ar milhares de vezes dentro desse quarto", pensou Stella. E ele não a conhecia, jamais tinha ouvido falar dela.

– Buuuu – começou ela, levantando uma de suas pontinhas e tocando de leve a mão do garoto.

Pinneus Mysac se virou de lado e murmurou alguma coisa, ainda dormindo. Stella recuou rapidamente, mas logo foi se aproximando novamente, com cuidado, e mais uma vez se debruçou sobre ele. Então, sem querer, deu um espirro alto e forte.

Pinneus Mysac acordou assustado e instantaneamente sentou-se na cama, tão rápido que Stella se assustou e pulou para trás, derrubando uma luminária e fazendo o maior barulho.

– Pode ficar calminho aí, seu menino uggy. Não venha interromper minha brincadeira desse jeito desrespeitoso! – protestou, indignada, a fantasminha caída no chão.

– O quê?! – exclamou Pinneus Mysac, acendendo a luz do abajur sobre a mesa de cabeceira e esfregando os olhos. – Quem é você? Como veio parar aqui?

Stella estava caída sob o pé da luminária de ferro, como se fosse um pano de chão úmido e sujo.

– Não encha! – gritou ela, percebendo, nesse instante, que não tinha conseguido realizar sua tarefa: Pinneus não havia ficado nem um pouco assustado com a assombração.

De repente, escutou passos apressados e uma respiração arfante do outro lado da porta. "Heitor Mysac e Careta Bruta", Stella concluiu. Assim que a maçaneta da porta se mexeu, o olhar de Stella cruzou com o de Pinneus. Por um breve instante, ela viu o brilho nos olhos do menino, como se ambos estivessem em outro lugar e não ali. Como se pertencessem a uma outra era, milhares de anos distante.

– Você não existe, não é? – sussurrou Pinneus Mysac no vazio do quarto, no instante em que a porta se abria. Careta Bruta meteu a cabeça entre as pernas do dono da oficina, que logo entrou no quarto vestindo uma cueca samba-canção listrada.
– Espírito indomável! – foi tudo o que Stella conseguiu dizer antes que o cão se atirasse sobre ela, arfando. O animal enfiou os dentes em seu corpo, arrancou-a do chão e a sacudiu furiosamente de um lado para o outro, enquanto o dono da oficina xingava o filho:

– Você está parecendo que viu um fantasma, seu idiota! Foi mais um pesadelo, não foi? Tome juízo, seu fracote!

A vista de Stella ficou embaçada. Foi como se ela não estivesse ali, e sim em outro lugar. Careta Bruta continuava tentando rasgá-la em mil pedaços. Stella agitou-se, tentando escapar, mas o cachorro não a largava de jeito nenhum.

– Não, papai! – gritou Pinneus, desesperado. – Não foi sonho.

– Fique quieto, garoto! Você também, seu vira-lata estúpido! Largue, Careta, solte, já!

Heitor Mysac arrancou Stella da mandíbula do cachorro.

– Mas que diabos é isso aqui? Um pano de chão? A faxineira por acaso esqueceu isso largado aqui?

– Sim, papai.

– Em todo caso, vou jogar esse trapo no cesto de lixo ou atear fogo nele – e amassou Stella entre as palmas das mãos enormes, colocou a luminária de volta no lugar e fez menção de ir embora.

– E agora TRATE DE DORMIR, Pinneus, seu pestinha miserável!

O dono da oficina mandou o cachorro para fora e bateu a porta com força ao passar.

Stella mantinha os olhos bem fechados. Heitor Mysac tinha dito que iria queimá-la.

Pinneus abriu a porta e saiu correndo atrás do pai.

– Mas, papai, você não vai querer queimar nada agora, bem no meio da noite!

– Vou sim, garoto – Heitor Mysac acendeu o lustre da ampla sala de estar. – Na minha casa, sou eu que determino quando e o que vou queimar!

De pijama listrado, lá estava Pinneus, os pés descalços, no meio do salão. Careta Bruta rosnava baixinho para ele.

Heitor Mysac abriu a portinhola da lareira e atirou Stella nas cinzas.

– Que há de errado com uma fogueirinha no meio da noite? – Heitor Mysac olhou espantado para seu filho. – Espere! Esse é o seu paninho de dormir?! Seu menino tolo! Você deveria se envergonhar! Eu tenho vergonha de você!

Stella estremeceu inteira.

– Não é meu paninho de dormir, papai.

– Você tem fósforos aí, garoto?

– Não, papai. Claro que eu não tenho fósforos.

– Onde estão os fósforos?

– Não sei, papai.

– Você é uma criança imprestável. Eu queria que meu filho fosse outro.

– Está bem, papai.

Heitor Mysac retirou Stella de dentro da lareira e, a passos rápidos, carregou-a até a cozinha. Abriu a porta do armário sob a pia e a jogou com força dentro do cesto de lixo. Em seguida, bateu a porta num estrondo.

– Ai! – gemeu Stella, apavorada.

Já estava toda suja de cinzas nas costas. E agora tinha ido parar no meio de cascas de ovo e tomates podres. O fedor era terrível.

– E agora, já pra cama! – ordenou o dono da oficina a Pinneus. – E não quero ver você de novo até o dia amanhecer. Preciso dormir, tenho um trabalho importante a fazer amanhã. Compreende?

– Sim, papai.

Stella ficou imóvel e em silêncio no escuro, escutando Pinneus se arrastar de volta para o quarto. Careta Bruta continuava montando guarda diante da porta do armário, mas por fim deu meia-volta e desapareceu atrás do seu dono.

O silêncio voltou a cair sobre a casa. Stella chorava baixinho.

Depois de um bom tempo, ela escutou passos se arrastando sobre o chão da cozinha e alguém abrindo a porta do armário.

– Você está aí? – sussurrou Pinneus Mysac.

– Claro! – disse Stella, zangada, parando de chorar. – Onde mais eu poderia estar?

Pinneus enfiou a mão no meio dos restos de comida e a puxou pela borda.

– Por que você não acreditou em mim? – quis saber Stella, irritada.

– Isso é tudo o que você consegue dizer nesse instante? – Pinneus olhou ansioso sobre os ombros.

– É, sim – respondeu Stella, ofendida.

– Então pode voar pra fora daqui – retrucou Pinneus. – E trate de nunca mais voltar.

– Isso eu lhe prometo – disse Stella. – Pode ter certeza.

Soltou-se da mão do garoto e atravessou a cozinha flutuando. Estava toda amassada e imunda, com cinzas nas costas e pedaços de tomate e ovos escorrendo pelo corpo.

Pinneus cheirou a própria mão.

– Vou abrir a porta pra você.

O relógio já passava das cinco quando Stella finalmente se esgueirou pelo buraco da fechadura da Oficina de Costura. Torres Damasco estava esperando-a com duas pontas do tecido cruzadas sobre o peito, bem diante da porta.

– Eu soube do seu comportamento na escola – disse ele assim que a viu. – Ênio e Tânia me contaram tudo!

Malu surgiu flutuando pela porta do depósito de tecidos. – Como você está amarrotada e suja! – reclamou em voz alta. – E cheia de furinhos. Você parece que foi comida por traças. E esse fedor! Você está cheirando a podre e a queimado. Você é mesmo detestável!

Stella se preparou para lidar com uma coisa de cada vez.

– Tem ideia do mal que está nos causando? – trovejou Torres Damasco.

– Sim – sussurrou Stella. – Eu sou um peso para vocês.

– Nós apenas desejamos o melhor pra você – queixou-se Malu Graça Damasco. – Queremos gostar de você assim como gostamos de Tânia e Ênio. Todos aqui querem a mesma coisa, Stella.

– E ninguém consegue – sussurrou Stella.

Assim que conseguisse se recompor, Stella estava determinada a tomar coragem e ir embora dali para sempre. Tinha que existir um lar melhor do que aquele. E sua mãe devia estar em algum lugar por aí.

A velha Ulla surgiu de repente atrás de Torres Damasco.

– Oh, pobre criança! – exclamou, pegando Stella no colo. – Sua florzinha fantasma. Sua pestinha querida.

Asquerosa Ulla virou-se para Torres e Malu:

– Vocês não veem que ela está machucada?! Tratem de se acalmar, eu vou tratar dela, costurar os furinhos e deixá-la limpa e branquinha de novo. E bem rápido, pois o dono da oficina não vai demorar a chegar.

Torres Damasco assentiu com a cabeça, cansado. Malu Graça Damasco suspirou em voz alta e se foi.

Stella fechou os olhos e descansou a cabeça no velho ombro de Ulla.

– As coisas vão ficar bem – garantiu Ulla. – Esta noite você teve uma experiência horrível, quase se descosturou toda, mas isso vai servir pra ajudá-la se tornar um paninho mais forte e resistente.

– Não – retrucou Stella, arregalando os olhos novamente.

– Eu tenho um espírito indomável, vou viver por cinco anos-luz e me tornar uma pessoa importante. Vou ter muito tempo pra fazer algo de bom. Eu jamais vou ser um simples paninho! Vou ser grande e importante!

Capítulo Sete

A queda de Tânia Talento

Depois de limpa, remendada, passada e dobrada, Assustadora Stella foi colocada no topo da pilha onde já estavam Tânia Talento, Horácio, Linette e Franzidinha, e só queria cair no sono. Mas Tânia Talento não se conteve:
– Você bem que mereceu isso – cochichou ela. – Eu escrevi "Sem fio" pra você no seu caderno branco, abaixo de "Confecção". Ele está na gaveta secreta no escritório do dono da oficina. Mas você devia fazer suas próprias lições. Não tem que se achar melhor do que eu, Stella. Você sempre se acha corajosa, quer fazer tudo sozinha, voar mais alto que todo mundo, responder aos adultos, e nunca desiste. Pois agora veja como são as coisas! E só pra você saber: nós duas é que somos amigas, e não você e Tília. Papai também acha isso!
– Não dou a mínima pra Torres Damasco – disse Stella, exausta.

– Psssiu! Ficou louca?! Não pode dizer isso. É do meu pai que está falando, o chefe de todos os chefes.

– Seu pai tem cérebro de minhoca – continuou Stella.

– Como você é má! – suspirou Tânia.

– Ser mau é bom pra um fantasma, Tânia.

– O que vocês aí ainda estão discutindo? Fiquem quietas! – disse Torres Damasco na pilha de roupas ao lado. – Agora vamos tratar de dormir!

– Papai, Stella está dizendo que...

Foi tudo que Tânia conseguiu dizer antes de Stella ter um ataque de fúria. Numa fração de segundo, ela arrastou Tânia do meio da pilha de roupas e a atirou prateleira abaixo. No mesmo instante ouviu-se um ruído: era Heitor Mysac abrindo a porta principal da oficina. A Senhora Vampe e Careta Bruta entraram primeiro. A Senhora Vampe veio direto para o depósito de tecidos, ainda vestindo o casaco.

Tânia Talento estava caída no chão, tremendo de medo.

– Os operários, pelo visto, não deixaram isso aqui arrumado, Senhor Mysac. Aqui está um pedaço de tecido no chão. – A Senhora Vampe se aproximou de Tânia, abaixou-se e pegou-a. – Aliás, acho que isso aqui seria perfeito pra forrar as bolsas da encomenda que recebemos de Paris – disse ela para o dono da oficina.

– Sim, ótimo – resmungou Heitor Mysac. – Eu dormi muito mal esta noite por conta daquele meu filho inútil e infantil. Não, Careta, venha aqui!

– Compreendo, ele é uma criança um tanto estranha. – A Senhora Vampe enfiou Tânia dentro do bolso do casaco e deixou o depósito de tecidos.

Stella estava paralisada de medo na prateleira do alto.

– Não! – choramingou Malu Graça Damasco. – Olhe o que ela aprontou agora. Eu sabia! Sabia que isso não ia terminar bem!

Torres Damasco inflou-se.

– Mágica Mulda bem que poderia ter tomado conta desta aberração!

– Mas ela não desapareceu por vontade própria… – sussurrou Stella.

Guincho e Horrenda cobriram seus trigêmeos para protegê-los, enquanto Esmê abraçou Mulambinho bem apertado.

– Ohhh, não – lamentou Ulla, baixinho. – Por favor, não… Não testemunhava uma tragédia dessas desde que costuraram Mulda num casaco, e meu tio por parte de pai foi rasgado em tiras e metido num tear.

– Ou quando a Tia Escovilda foi atropelada por um avião de caça em pleno voo – comentaram Guincho e Horrenda.

– Fiquem quietos – ordenou Torres Damasco – pra não nos descobrirem aqui por culpa dessa fedelha maltrapilha!

Assim que disse isso, os operários entraram para calçar os sapatos de uso interno. O barulho das máquinas de costura logo tomou conta do ambiente.

Os humanos achavam que aquele não passava de mais um dia como qualquer outro.

Torres Damasco espiou pela rachadura na parede. O proprietário da oficina estava sentado no escritório e falava ao telefone.

– Bolsas pra Paris, sim – dizia Heitor Mysac. – Vocês receberão o pedido em breve. Creio que os primeiros produtos estarão prontos e serão enviados ainda esta tarde.

– Produtos, ouviu, Stella? Ai de você se acontecer alguma coisa de mau à Tânia!

– Isso mesmo, ai de você! – Misteriosa Malu abraçou Ênio Gosmento com força.

Stella tremeu e tentou pensar em algo diferente. Tinha que se concentrar em outra coisa, na lição de voo do primeiro dia da Escola Noturna, por exemplo. Preferia tentar se distrair com isso em vez de ficar pensando em Tânia e nas coisas terríveis que Malu e Torres tinham dito. A sensação que teve quando foi tomada pelo vento e pairou como uma estrela branca no céu noturno: era essa a sensação que queria ter de volta. Era lá que queria estar. Mas não adiantava! Ela estava ali, e a qualquer momento Tânia Talento poderia ir parar na boca afiada da máquina de costura.

– Pobre Stella – sussurrou Franzidinha de repente, postando-se na frente de Guincho e Horrenda.

Stella tinha ouvido bem: foi exatamente isso que Franzidinha dissera. E foi como se tivesse caído em si:

– Obrigada, Franzidinha. – Manter o foco e seguir adiante, é isso que importa. Eu vou salvar Tânia!

Stella saltou do canto da prateleira e aterrissou numa cadeira rente à parede.

Torres Damasco gritou por ela, num tom raivoso:

– É isso mesmo. Vá embora daqui.

– E nem pense em voltar sem a Tânia! – emendou Malu aos berros.

Nesse instante, a Senhora Vampe voltou repentinamente ao depósito.

– Que vozes são essas aqui na prateleira de tecidos? – perguntou-se. – Quem está aí? Tenho certeza de que escutei um burburinho por aqui. Tenho certeza.

A secretária aproximou-se da estante e afastou uma pilha de tecidos da prateleira do meio. Não reparou que Stella estava na cadeira. Irritada, jogou a pilha no chão e puxou vários rolos de tecidos, que examinou minuciosamente antes de devolvê-los ao lugar.

À luz do dia, era muito perigoso ser um fantasma.

Assustadora Stella aproveitou a oportunidade para flutuar por trás da Senhora Vampe e sair dali. Passou pelo vestiário e entrou no enorme galpão da oficina. Os operários estavam debruçados sobre as máquinas de costura, e o ruído que faziam era intenso. A fantasminha tentou, a todo custo, avistar Tânia, mas ela não estava em lugar nenhum. Stella deu meia-volta e voou pelo corredor na direção da porta principal. A Senhora Vampe continuava a remexer as prateleiras do depósito de tecidos.

Stella se enfiou rapidamente pelo buraco da fechadura e saiu no quintal da oficina. Careta Bruta, amarrado ao corrimão da escada, se pôs imediatamente sobre duas patas e mostrou os dentes para ela. Stella tomou um susto e se espremeu de lado, conseguindo passar pelo cão. Apressou-se, contornando o muro, dobrou a esquina e parou rente ao parapeito de uma das enormes janelas. Espiou dentro da oficina e ficou arrasada ao avistar Tânia, que estava para ser engolida por uma máquina de costura. Era tarde demais!

– Ai, que tristeza! – Stella gemeu. – Que tragédia! Costuraram um babado florido em Tânia Talento e pregaram nela duas alças de bambu marrom!

Quando Stella viu o resultado, caiu de costas. Ela estava perdida. Tânia estava perdida. Era o fim.

Mas então a imagem de Sofia Malévola surgiu em sua mente. Stella disparou pelo pátio diante da oficina, desceu a rua e atravessou um terreno baldio. Por fim, chegou à cidade. Estava cheia de gente, dentro de carros, ao longo das ruas e em praças e parques.

Felizmente, soprava uma brisa leve. Stella enrolou-se toda e fingiu ser apenas um pedaço de tecido planando ao vento. Passou pela rua principal, entre os humanos, foi levada entre os carros e pairou defronte às lojas sem que ninguém lhe desse a menor atenção.

Mas bem em frente à lavanderia, uma menina de casaco azul quase pôs tudo a perder quando tentou agarrá-la. Stella conseguiu se soltar no último segundo e seguiu pela calçada.

Próximo à porta giratória do Grande Hotel, parou um instante e se deixou levar para dentro, bem atrás de um homem gordo vestindo um grande sobretudo. Seguiu despercebida pela recepção, atravessou um corredor comprido, passou ao lado de uma camareira e desceu as escadas para o porão.
Ninguém percebeu que ela estava ali.

Capítulo Oito

A aluna de Sofia Malévola

Sofia Malévola esperava por Stella no canto mais escuro dos fundos do depósito de lençóis, no porão do hotel. Prateleiras de aço e madeira cobriam as paredes do quarto pouco iluminado.

Stella foi direto até a professora, que não parecia nada contente.

– Então, já sabe? – Stella olhou para Sofia Malévola, sentada num carrinho de rodinhas reluzente.

– Claro que sei. Estava esperando você chegar. Sente-se!

Stella sentou-se num banquinho velho e fitou Sofia Malévola com um olhar desesperado, recolhendo suas pontinhas sobre o colo, ainda trêmulas de medo.

Stella estava mais pálida que um fantasma.

– Você tem que me ajudar!

Sofia Malévola flutuou de um lado para outro e finalmente voltou a se sentar. Stella conseguia ouvir o discreto ruído da respiração dos outros fantasmas que estavam no porão.

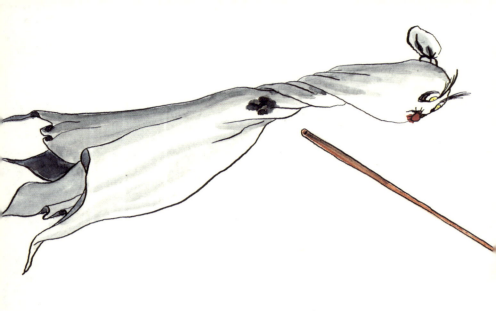

– Já que, apesar de tudo, você é minha aluna, não me resta, infelizmente, outra alternativa. Por que Pinneus Mysac não acreditou em você ontem?

– Não sei, eu tentei ser o mais assustadora, apavorante e horripilante que pude.

Sofia Malévola lançou-lhe um olhar zombeteiro.

– Você bem que é uma fantasminha assustadora, mas às vezes só isso não basta. É preciso ter um espírito indomável! A visão de um fantasma tem que ficar marcada na alma dos humanos.

– Sim, mas...

– Não me venha com "sim, mas"! Você precisa aprender a manter o foco, Stella. Precisa aprender a assustar, a apavorar, a usar sua voz. BUUUUU! UH! HUUUUUSH! Sopre sons terríveis pela boca. Sopre seu bafo nas pessoas, chegue bem perto delas à noite, enquanto dormem. Pareça brava! Seja uggy!

– Está bem, está bem – disse Stella. – Mas eu estou aqui pra falar da Tânia Talento.

– Mas você precisa controlar a raiva e a impaciência – prosseguiu Sofia Malévola. – Se não conseguir, poderá ser a sua ruína.

– Não fui eu, quem se arruinou foi a Tânia.

– Eu já disse que você precisa aprender a se controlar! É evidente que precisa, pois não sabe ouvir e não controla essa matraca impertinente!

– Mas não sou impertinente!

– Você precisa ser mais macia com as pessoas!

– Sou macia, sim. Malu me põe de molho no amaciante seguindo as instruções da embalagem.

Stella virou-se de lado e fez uma careta. Além de tudo, tinha ficado um dia inteiro sem dormir.

– Venha, me acompanhe!

Stella se assustou, encheu-se de ar e disse, com toda a força que tinha:

– Mas Tânia Talento está a caminho de Paris, transformada numa bolsa!

– Contenha-se! É dia. Estão dormindo aqui!

– Preciso encontrar Tânia, professora!

– Você quer apenas tentar ou quer conseguir encontrá-la de verdade? São duas coisas bem diferentes. Vou repetir: duas coisas muito diferentes!

– Garanto que estou determinada a conseguir.

Assim que disse isso, Stella sentiu que era verdade, que era algo que precisava fazer, encontrar o paradeiro da talentosa, fofoqueira e mimada Tânia. Por Torres e por Malu. Eles amavam Tânia Talento.

De repente, Stella se sentiu mais aliviada. Uma espécie de força mágica crescia dentro dela. Só tinha que aguçar os sentidos. Existia algo que era mais leve que a luz, algo mais profundo que a escuridão da noite.

– Espírito indomável, poder estelar e crença em milagres – disse.

– Ótimo! – exclamou Sofia Malévola. – Posso ver em que você está pensando. Se conseguir encontrar Tânia, talvez tudo o que aconteceu não tenha tanta importância, afinal.

Stella olhou para a professora.

– Mantenha o foco e siga adiante – disse ela. – E agora vou lhe dar sua primeira tarefa.

– Ok.

Sofia Malévola respirou fundo.

– Na verdade, ainda é muito cedo pra eu lhe dar essa missão, Stella. Cedo demais! Mas é inevitável... – E continuou: – Você tem um brilho diferente dos outros alunos da turma. Não importa se alguém está vivendo agora ou se já viveu antes. E você ainda nem conhece A Primeira Verdade... Acho que você está à frente do seu tempo. Afinal, já tem idade suficiente pra frequentar a escola.

– Eu só frequentei a escola durante duas noites.

– E nunca mais me chame de Pavorosa.

– Está bem, Pavorosa.

– Stella!

– Desculpe, desculpe, em nome de todos os guardanapos do mundo!

Sofia Malévola lhe deu as costas.

– Para onde devo ir?

– Vou lhe dar uma pista – Sofia Malévola virou-se novamente de frente para ela. – É um endereço em Paris. Rua de Rivoli, 99. Vá até lá. Ah, em francês, *nove* é *neuf*. É a entrada menos concorrida.

Stella memorizou o endereço.

– Entrada pra onde, professora?

Sofia Malévola não respondeu, apenas disse:

– Pode ser que você descubra a Primeira Verdade. Vai ter que distinguir entre o que é belo e o que é perigoso. Se quiser voar sozinha até Paris, vai precisar de bastante tempo e não deve passar da altura da copa das árvores. Não invente de subir muito além disso. Mas existem outras opções.

Viajar sozinha significava voar abaixo das estrelas, Stella sabia muito bem. E também sabia o que significava "outras opções", e no mesmo instante soube o que deveria fazer. Ela tinha que voltar à casa de Pinneus Mysac e perguntar se ele gostaria de acompanhá-la.

– E você deve se lembrar deste nome: Victor – prosseguiu Sofia Malévola. – Ele poderá ser muito útil a você. Vive num quartinho no alto de uma torre onde há um placa pendurada que diz "Não é aqui".

– Victor – repetiu Stella – Rua de Rivoli, *neuf*, *neuf*. Não é aqui.

– Mas agora vem o mais importante. E lhe digo isso em letras maiúsculas: VOCÊ PRECISA TOMAR

CUIDADO COM AS MUDANÇAS NOS APOSENTOS POR ONDE PASSAR.

– O que você quer dizer com "mudanças nos aposentos"? Me parece uma coisa tão uggy!

– Pode ser uggy, Stella, mas é necessário para seguir adiante. Apenas tome cuidado com os terríveis fantasmas das tapeçarias, ou dos tapetes. Infelizmente, eles são muitos. Você terá que reconhecer e enfrentar cada lembrança que lhe ocorrer. Se reconhecer alguém que já existiu, tenha certeza de que poderá lidar com a situação. E terá que separar as coisas perigosas das coisas belas.

– Quem são os fantasmas dos tapetes?

Por um instante, Sofia Malévola deu a impressão de que estava preocupada.

– Se não encontrar Victor, entre em contato com alguém que se chama Leonardo. Ele fica deitado no chão diante de uma pintura famosa. Mas não o incomode à toa. Ele está bastante comido pelas traças e muito cansado.

– Está bem, mas quem são os fantasmas dos tapetes? – repetiu Stella.

Sofia Malévola olhou para o chão por um instante e disse: – Eles são maus e destemidos, Stella.

Sua voz tinha assumido um ar grave.

– Ok – disse Stella.

Sofia Malévola aparentava estar um pouco triste.

– Agora descanse um pouco por aqui – disse ela –, numa das gavetas da cômoda, ali, próxima à parede, e eu trato de acordá-la quando a noite cair.

Assustadora Stella e Sofia Malévola saíram do hotel pelo buraco da fechadura da porta do porão pouco antes da meia-noite. Sofia Malévola tinha que dar aula na Escola Noturna, enquanto Stella estava a caminho da sua primeira tarefa.

Caía uma leve garoa. Chuva não era nada bom para um fantasma. Encharcava o tecido, e voar ficava mais difícil.

– Lembre-se de que não é tão perigoso se molhar, desde que você consiga se secar logo depois – ensinou a professora.

– A não ser que o peso da água seja tanto que me impeça de voar – retrucou Stella.

– Raramente chega a tanto – explicou Sofia Malévola.

– Quem quiser ver o arco-íris precisa suportar a chuva – disse Stella.

– Exatamente – concordou Sofia Malévola.

Elas se separaram no semáforo próximo ao posto de gasolina. Stella tomou a direção oposta à da professora. Uma vez na vida, ia experimentar um milagre, pensou ela. Afinal de contas, era aluna de Sofia Malévola.

CAPÍTULO NOVE

O FILHO DE HEITOR MYSAC
MOSTRA SUA FORÇA

ACIMA DOS TELHADOS, o céu estava negro e carregado de nuvens. A chuva só engrossava. Stella subiu bem alto, encheu seu corpo branco de ar e se foi, seguindo o muro do shopping. Rapidamente, chegou ao extremo do prédio e flutuou para o outro lado do telhado. Não muito tempo depois, já estava circulando sobre as grandes árvores que cresciam na rua onde Pinneus Mysac morava.

Lentamente, ela desceu e aterrissou sobre um carro estacionado na rua. Durante quatro horas, ficou escondida atrás da mureta do portão, apenas observando a casa. Era noite, e o jardim estava deserto. Stella precisava reunir forças, pois temia que Careta Bruta tentasse atacá-la novamente.

O topo das árvores farfalhava ao vento. Os galhos balançavam como se fossem braços querendo pegá-la. Stella sentia uma inquietação crescendo dentro do peito. Uma sensação de desconforto, pensou. Um enorme desconforto. O mesmo que sentiu quando Tânia Talento caiu da prateleira.

Limpou a garganta:

– Manter o foco e seguir adiante! Poder das estrelas e crença em milagres. Coragem e vamos lá!

Voou sobre a mureta e cruzou o gramado verde escuro do jardim a mais de cem por hora, freando bruscamente a tempo de não bater a cabeça na parede da casa.

A janela estava logo ali. Era evidente que Pinneus Mysac não tinha ficado assustado com a visita que Stella tinha lhe feito antes.

A fantasminha dobrou-se inteira, entrou no quarto e sentou-se na beira da cama. O relógio na mesa de cabeceira de Pinneus Mysac mostrava 4h07.

Stella olhou para o garoto. "Meu amigo humano", pensou.

O edredom parecia um campo montanhoso que se erguia e afundava, acompanhando a respiração. Ou talvez o lombo de um animal. Stella inclinou-se sobre Pinneus e alisou lentamente seu rosto. Ele dormia profundamente, soprando uma brisa leve sobre ela a cada expiração.

De repente, ela chamou:

– Acorde, Pinneus! Acorde já! – Pinneus Mysac sacudiu-se todo, sentou-se na cama e esfregou os olhos, espantado, antes de acender a luz de cabeceira.

– Seu cabelo parece um ninho de passarinho de tão bagunçado – disse Stella.

– Você de novo! – retrucou ele, irritado. – Eu não disse pra você ficar longe daqui?

Mas Stella percebeu que Pinneus tinha um discreto sorriso nos lábios. Estava feliz por vê-la.

– Eu preciso de ajuda. Preciso ir a Paris o mais rápido possível.

E você tem que me ajudar.

– Paris?! Eu nem conheço você!

Stella viu o próprio reflexo nos olhos do garoto.

– Você precisa ir comigo ao aeroporto.

– Mas por quê? Eu nem acredito em você.

– Claro que acredita. Você acredita em mim.

– Não acredito não.

– Acredita sim. Quase ninguém sabe quem eu sou.

– E por acaso eu sei?

– Sabe sim, e eu sei quem você é. Eu só tenho você.

– Você só tem a mim?

– Sim, Pinneus. É isso mesmo.

Pinneus sorriu cautelosamente.

– Preciso de uma colaboraçãozinha humana – continuou Stella. – Seu pai me chamou de pano de chão.

Pinneus estava concentrado no ruído do outro lado da porta.

– Não fale tão alto.

Stella sentiu em todas as fibras de seu corpo como estava tensa. O cachorro montava guarda do outro lado da porta.

– Preciso resgatar Tânia Talento – cochichou. – Se ela for vendida, será tarde demais. Você é um ser inteligente.

– Sou? – Pinneus enrubesceu.

Stella olhou para ele e teve logo a certeza de que Pinneus nunca tinha recebido um elogio na vida.

– É um princípio universal. A inteligência que flui através dos outros pode também fluir através de você.

A PRIMEIRA VERDADE ❱ 87

– O que você quer dizer com isso?

– Ah! Deixa isso pra lá! – Stella o puxou, impaciente. – Levante-se, troque de roupa que nós já vamos.

Pinneus afastou lentamente o edredom para o lado e ficou de pé.

– Mas por quê? Quem é Tânia Talento?

– Tânia Talento é uma bolsa, e ela se foi. Nessa história há muitas sombras – sussurrou Stella. – Preciso encontrar Tânia porque ela não é mais quem era antes. Foi um acidente, muito, muito infeliz. Entendeu?

– Não – disse Pinneus.

– Não posso ficar explicando todos os detalhes aqui e agora. Você tem que confiar em mim. Se usar o cartão de crédito do seu pai e comprar uma passagem aérea pra nós, eu posso ficar pendurada no seu ombro.

– Como se você fosse um xale?

– Um xale ia ficar meio estranho para um garoto da sua idade. Mas que tal um cobertorzinho?

– Cobertorzinho?! – repetiu Pinneus, irritado. – Não sou mais um bebezinho. Sou grande demais pra isso.

– Pode ser um cachecol.

– Cachecol não é nada infantil.

– Ok, mas vista suas roupas já, seu preguiçoso.

Dez minutos depois, Pinneus Mysac já tinha deixado a casa no número 12 da rua das Castanheiras, com um cachecol branco e comprido enrolado no pescoço, levando no bolso o cartão de crédito de Heitor Mysac. Ele caminhou até a rua das Faias e finalmente dobrou a esquina para pegar a rua principal. Não havia muitas pessoas circulando, o dia ainda estava amanhecendo. Meia hora depois, Pinneus Mysac embarcou no trem que o levaria ao aeroporto, encontrou um assento vazio e se sentou.

Stella reparou nos outros passageiros. Nenhum deles dizia uma palavra. Não era assim tão comum, para ela, estar na companhia de tantas pessoas de uma só vez. Estava um pouco tonta por ter de ficar tanto tempo de cabeça para baixo, mas acabou conseguindo relaxar.

Quando o trem freou bruscamente no sinal vermelho diante de um túnel, Stella espirrou. O homem que estava sentado em frente a eles levou um susto tão grande que deixou cair o jornal no

chão. Pinneus estava totalmente relaxado, apreciando a paisagem na janela. O homem não disfarçava a curiosidade e não desgrudava os olhos de Stella. Por fim, Pinneus lhe perguntou:

– Algum problema?

Só então o homem voltou aos seus afazeres.

Quando chegaram ao aeroporto, por volta das 5h30, as filas já começavam a se formar diante dos balcões de embarque. Malas e bolsas estavam enfileiradas, aguardando a vez de embarcar. Eram passageiros que viajariam para os Estados Unidos, para a Alemanha e para o Extremo Oriente.

Pinneus abriu caminho na multidão com Stella atada ao pescoço. Foi até o balcão e tirou uma senha para ser atendido. Uma voz aguda anunciava a partida dos voos pelo alto-falante. Quando finalmente chegou sua vez, Pinneus aproximou-se, espiou por cima do balcão alto e disse:

– Vim retirar o bilhete de uma passagem que meu pai comprou pra mim, pra Paris.

– Muito bem – respondeu a mulher de uniforme azul. – Você vai viajar sozinho?

– Sim vou visitar... uma tia distante – mentiu Pinneus.

– E o nome é?

– Da tia?

– Não, o seu, é claro.

– Pinneus Mysac, filho de Heitor Mysac. Aqui está o cartão de crédito dele. Ele me disse para entregá-lo a você.

A mulher pegou o cartão e começou a emitir o bilhete no computador.

– Agora é só aguardar a impressão. Hmm... Não consigo encontrar seu nome no sistema.

A mulher apertou os olhos diante da tela.

– Vamos lá, procure de novo!

Stella mal conseguia parar quieta. Pinneus lhe deu um puxão.

– Não tem nenhum bilhete reservado com esse nome.

O rosto de Pinneus ficou completamente vermelho.

– Claro que tem. Ida e volta. A impressão ainda não terminou?

– Claro que sim, mas não posso entregar a um garoto de 11 anos uma passagem que não tenho como saber se foi mesmo o pai quem reservou.

Assim que a mulher de uniforme azul disse isso, o cachecol branco se desenrolou, ficou reto como uma serpente diante do seu rosto e sussurrou:

– Dê a passagem ao garoto *agora*, ou você vai acabar no alto das nuvens do universo uggy!

A mulher sentou-se na cadeira, boquiaberta, os olhos revirados, e foi deslizando até cair no chão, onde ficou deitada com os braços esticados.

– Ela apenas desmaiou. Seja rápido – disse Stella olhando ao redor. Ninguém se deu conta do que tinha acontecido.

– Imprima você o bilhete.

Equilibrando-se na ponta dos pés, Pinneus esticou-se sobre o balcão e apertou o botão.

    Um impressora imediatamente começou a funcionar e cuspiu um bilhete bem na sua frente. Pinneus rapidamente o arrancou dali, enfiou o cartão de crédito de volta no bolso, amarrou o cachecol bem apertado no pescoço, deu meia-volta e saiu correndo em direção ao embarque.

    Passar pelo controle de segurança não foi problema.

    Stella ficou caladinha enrolada no seu pescoço.

    Mas havia um problema sério: Pinneus não tinha passaporte, e, sem um passaporte, é impossível viajar para o exterior.

– O que vamos fazer agora? – Pinneus reparou na longa fila de pessoas que se encaminhavam para o setor de embarque internacional.

Stella olhou na direção da fila.

– Será que você não consegue pedir um passaporte emprestado? Vamos ver se encontramos um garoto parecido com você.

– Emprestar? Ninguém vai me emprestar passaporte nenhum. Quem tem passaporte vai precisar dele, é claro.

– Sim, mas nós estamos precisando muito mais – disse Stella, de olho numa família de indianos: avó, avô, mãe, pai, uma garota e dois garotos.

– Veja só, Pinneus. Aqueles dois garotos estão usando turbante na cabeça, e aquele ali tem a sua altura.

– E daí?

– Pense!

Pinneus arqueou as sobrancelhas.

– Não estou entendendo o que você quer dizer.

– Faça o que eu digo, e pronto. Chegue bem perto e fique ao lado deles. Faça isso – ordenou Stella.

Pinneus suspirou alto e, lentamente, se aproximou da família de indianos. A menininha não parava de saltitar. Os garotos brincavam de tocar guitarras imaginárias e fingiam lutar. Todos conversavam baixinho entre si.

– Agora – disse Stella –, surrupie o passaporte do garoto mais alto.

– Agora?

– Sim, agora, seu bobão!

A PRIMEIRA VERDADE ❱ 93

Stella afrouxou o nó para ficar pendurada sobre o ombro de Pinneus.

– Vamos lá, agora!

Pinneus engoliu em seco. A menina não parava um segundo de correr em volta dos irmãos. Quando o mais velho finalmente se irritou e começou a querer brigar com a irmãzinha, Pinneus se aproximou sorrateiramente e tirou o passaporte das mãos dele. O caos logo se instalou. Todos, adultos e crianças, começaram a discutir.

– Muito bem, Pinneus – sussurrou Stella. – Vamos já para o controle de passaportes.

Pinneus caminhou apressadamente pela fila. Numa fração de segundo, Stella se enrolou na sua cabeça como um turbante, um tanto frouxo, para encobrir parcialmente seus olhos.

– O que você está fazendo? – Pinneus a puxou para cima.

– Não puxe, seu bocó! O que você acha? E não grite! Vá até o homem na fila de controle e mostre o passaporte!

Capítulo Dez

Um turbante guloso vai viajar

Quando a notícia de que Pinneus Mysac estava desaparecido chegou à rádio local, o garoto já estava instalado, com toda a segurança, no assento número 14 do enorme avião com destino a Paris. Serviram-lhe um delicioso café da manhã e lhe deram fones de ouvido para assistir à programação na telinha à sua frente, e a aeromoça ainda lhe trouxe um quebra-cabeça e um saquinho cheio de chocolates e marshmallows.

Stella continuava enrolada como um turbante na cabeça dele.

– Ei, me dê um marshmallow – pediu ela.

– Ok, abra a boca – Pinneus segurou o doce no alto e Stella o abocanhou.

– Mais um – pediu.

No assento ao lado de Pinneus, sentava-se uma senhora idosa que arregalou os olhos e ajustou bem os óculos no nariz.

– Me diga uma coisa: você está dando de comer ao seu turbante, meu jovem?

– Perdão – disse Pinneus. – O que a senhora disse?

– Nada, esqueça. Acho que estou precisando tomar uma daquelas minhas pílulas verdes – e a mulher vasculhou com os dedos finos o interior da bolsa de seda cinza.

Stella ficou olhando para as mãos da idosa. Eram finas, frágeis, cheias de veias azuis aparentes. "Coitada – pensou –, está tão velhinha que deve morrer logo, logo." Ao mesmo tempo, lembrou que Tânia tinha sido transformada numa bolsa. Toda a tristeza que tinha sentido voltou.

A idosa pegou um livro grosso e o abriu. Stella farejou algo no ar. Tinha desenvolvido um olfato muito aguçado. O cheiro da tinta no livro a deixou intrigada. As letras, emparelhadas, formavam uma palavra. E todas aquelas palavras, juntas, formavam uma página. Nos livros, era possível ler sobre coisas importantes.

Stella ergueu a cabeça e olhou pela janelinha do avião. Viu um céu azul sem fim. "O céu", pensou, "um lugar tão vasto que nunca tem fim." Era uma ideia um tanto estranha. Talvez um dia pudesse voar sem limites, mais alto que pipas e balões, bailando ao sabor do vento na imensidão do céu. Mas primeiro precisava encontrar Tânia. E também a mãe. Não seria um golpe de sorte se conseguisse encontrá-las, e sim algo que estava determinada que acontecesse. A vida inteira, se fosse preciso, ela iria passar procurando as duas. Tinha à sua disposição anos-luz de tempo, e tudo o que não queria mais era esperar.

Seus pensamentos foram interrompidos quando a senhora ao lado se levantou para ir ao banheiro. Stella olhou para baixo e viu o nariz de Pinneus, que não desgrudava os olhos do desenho animado na tela.

Stella pediu:

– Me dá mais um marshmallow? O que acha que seus amigos vão dizer?

– Eu não tenho amigos. Todo mundo acha que sou um boboca.

Enquanto mastigava o marshmallow, Stella se deu conta de que Pinneus era exatamente quem ela estava procurando. Ele também não tinha ninguém com quem pudesse contar.

– Eu acho que você é um menino corajoso, Pinneus. Isso é novidade pra você: não ser notado. Todos os dias eu passo sem ser notada.

Pinneus a baixou um pouco mais sobre a testa.

– Não – disse ele –, na verdade, não é nada novo. Pelo menos, não preciso ir pra escola hoje. Tudo o que vejo é a nuca dos que sentam na minha frente. Todos viram o rosto quando me veem. Eu sinto como se não existisse. E você também deve se sentir assim.

– Você está viajando pra Paris com alguém que na maior parte do tempo não existe – Stella riu alto e olhou em volta. Todos os passageiros estavam absortos em seu próprio mundo. – Precisamos aproveitar bem nosso tempo, Pinneus. Se fizermos isso e descobrirmos as Verdades, ficaremos mais fortes. Vamos ter que encontrar vários locais escondidos. Temos que descobrir coisas.

– Você diz muita coisa esquisita.

– Não sei de onde essas palavras bonitas vêm – Stella sorriu satisfeita –, mas não há nada esquisito.

– Acho que reconheci você à primeira vista, Stella. Você estava lá quando eu era pequeno. Não lembra?

Stella não compreendeu o que ele queria dizer e não respondeu. Em vez disso, contou:

– Aliás, você sabia que eu ocupo sua carteira à noite?

– Não. Fazendo o quê?

– Estudando – disse ela, orgulhosa. – Mas foram só duas noites na Escola Noturna, e em seguida tudo ficou uggy.

– A gente só aprende bobagens na escola. Matemática, x e y, essas coisas.

– Isso porque você frequenta a escola de dia. Eu vou pra Escola Noturna, que é completamente diferente. Ensinam a gente a olhar as coisas de outro jeito, a ler nas entrelinhas e a examinar o outro lado dos números. Aprendemos sobre Verdades, caminhos estelares, coisas esplêndidas e também coisas uggy.

A senhora idosa retornou ao seu lugar e Stella fechou a boca. Pouco tempo depois, o avião se preparava para aterrissar em Paris.

O enorme aeroporto estava um verdadeiro caos. Finalmente, Stella conseguiu descer da cabeça de Pinneus e enrolar-se novamente em seu pescoço.

– Vamos pegar um táxi. Vou usar o cartão de crédito do meu pai – disse Pinneus.

Stella assentiu com a cabeça.

– Vamos para o número 99 da Rua de Rivoli. Em francês, "nove nove" se diz *neuf neuf*. Você precisa pronunciar assim, Pinneus.

– Ok.

Pinneus foi abrindo caminho pela multidão de pessoas que conversavam e gesticulavam.

– A comida em Paris é famosa por ser deliciosa. Gosto muito de uma boa comida.

– Sim – disse Stella, observando as pessoas que se apressavam de um lado para outro.

Meio ressabiado, o taxista olhou para eles através do retrovisor. Stella evitou encará-lo nos olhos.

– *Neuf neuf, Rue de Rivoli* – disse Pinneus.

– *Oui, oui. Le Louvre!* – respondeu o taxista, fazendo um floreio com a mão antes de agarrar o volante e pisar no acelerador.

– Louvre me parece familiar – sussurrou Pinneus para Stella.

– Sim, na verdade... Puxa, como ele dirige rápido!

– Eles dirigem assim em Paris – disse Pinneus.

O carro percorreu velozmente uma avenida larga; em seguida, as ruas, sempre cheias de gente, foram ficando cada vez mais estreitas. As casas, cada vez mais altas.

– Agora estamos entrando na Avenida Champs-Élysées – disse Pinneus.

– Olhe ali o Arco do Triunfo! E lá está a Torre Eiffel. Nossa, como é grande!

O taxista encarou Pinneus pelo retrovisor:

– Com quem você está falando, meu jovem? – perguntou, num inglês macarrônico.

– *Non, neuf neuf* – respondeu Pinneus. *Non* significa "não", e era a única palavra em francês que ele conhecia, além do número 99 e de *oui*, que quer dizer "sim".

Capítulo Onze

Escada rolante para um apuro

Finalmente, o táxi parou de supetão em frente a um prédio comprido e alto.*

"Deve ser muito antigo", pensou Stella, enquanto Pinneus pagava a corrida com o cartão do pai.

Enrolada no pescoço do amigo, ela sentiu o cheiro de pedra antiga emanando da majestosa construção assim que Pinneus desceu do táxi.

– Isso aqui parece um velho palácio – disse Pinneus.

– Ou um forte – sugeriu Stella.

Passando sob um dos arcos do prédio, chegaram a um pátio amplo, pavimentado com paralelepípedos e lotado de turistas. Trilhas cobertas com cascalhos levavam a todas as direções, entremeadas de árvores e

---

* O texto se refere ao Palácio do Louvre, em Paris, onde fica o famoso Museu do Louvre. (N. E.)

floreiras. Tudo era enorme. A fila diante da bilheteria junto à pirâmide de vidro* logo na entrada era longa. Pinneus entrou no final dela.

Stella farejou o ar. A França tinha tantos perfumes exóticos! Sentiu o aroma de um perfume maravilhoso e o odor forte e agudo de queijo. Escutou o som

de um acordeão francês e viu que uma mulher na fila calçava sapatos de saltos muito altos. A fila avançava lentamente. "Aqui é tudo muito belo!", concluiu Stella, satisfeita. Por fim, chegou a vez de Pinneus comprar o ingresso.

---

* A Pirâmide do Louvre, cuja construção foi concluída em 1989, é a entrada principal para o Museu do Louvre. (N. E.)

O vendedor se esticou para fora da cabine para poder vê-lo. Pinneus lhe deu o sorriso mais amável que tinha. O homem imprimiu o ingresso e o entregou através da abertura do guichê.

– *Voilà* – disse ele, com a voz metálica que escapava do alto-falante.

– Aprendemos mais uma palavra em francês – cochichou Stella. Agora já sabemos dizer *neuf neuf*, *non*, *oui* e *voilà*.

Entraram num saguão enorme, todo de vidro, cheio de escadas rolantes e com escadarias por toda parte.

– Oh – disse Pinneus –, é um museu! O maior que já vi. Vamos descer pela escada rolante primeiro.

– Vamos – concordou Stella, curiosa e tão ansiosa que, lentamente, foi escorregando de onde estava. De repente tinha ficado presa entre dois degraus de ferro da grande escada rolante. Pinneus reagiu rápido como um raio, puxando-a com tanta força que quase a rasgou em duas.

– Ai! – gritou Stella. Nesse instante, o alarme disparou.

A escada rolante parou, e as pessoas olharam irritadas para o menino que segurava aquele estúpido cachecol comprido.

– Vou tirar você daí... quer dizer, espere!

– Tire a mão do meu traseiro – protestou Stella. – Nem se atreva!

De repente, um guarda de uniforme azul os abordou.

– *Pardon, pardon* – disse ele, afastando os curiosos.

Pinneus segurou Stella firmemente. O guarda gesticulava. Pinneus não entendia o que ele queria dizer, mas logo o homem se agachou e enfiou uma chave de fenda no vão entre os degraus de ferro, afastando-os um centímetro um do outro e... tcharam!, Stella estava livre. Um pouco amarrotada no canto, é verdade, mas livre.

As pessoas sorriram para Pinneus, mas ele estava tão atordoado que apenas enrolou Stella no formato de uma bola, apertou-a contra o peito e desceu apressado os degraus antes que a escada começasse a se movimentar novamente.

– Uggy! – balbuciou Stella no meio da bola de tecido.

– Fique quieta! – disse Pinneus, entrando apressado no primeiro salão. – Você vai acabar me deixando maluco – disse entre dentes.

– E você a mim – retrucou Stella, furiosa.

Depois, quando já tinha se acalmado, Pinneus voltou a enrolá-la no pescoço.

– Agora vamos dar uma volta por aqui. O que exatamente você está procurando?

– Não sei direito – disse Stella. Alguém que me ajude a encontrar Tânia Talento. Alguém que saiba onde ela está. Foi minha professora que disse que eu tinha que achar ou Victor ou Leonardo. Foi ela que me deu esse endereço.

Pinneus entrou no primeiro salão. Havia grandes quadros emoldurados nas paredes, estátuas e

A PRIMEIRA VERDADE ❱ 105

mostruários de vidro com antiguidades dentro. Lá no fundo, as pessoas não tiravam os olhos de um pequeno quadro de uma mulher estranha, parecendo tensa.

– A Mona Lisa – Stella escutou uma senhora francesa murmurar, admirada.

– *Oui* – respondeu seu marido. – A Mona Lisa.

– Deve ser uma imagem muito famosa – disse Pinneus.

– É sim – concordou Stella.

Já que não sabiam onde procurar exatamente, nem como eram Victor e Leonardo, vagaram de sala em sala o dia inteiro.

– Acho que precisamos ir para o andar superior – disse Stella. – A professora mencionou uma sala numa torre, mas não sei se vamos conseguir encontrá-la, pois pode ser um Quarto Noturno.

– E o que é um Quarto Noturno? – quis saber Pinneus.

– É um quarto que não existe de dia – respondeu Stella.

Pinneus franziu o cenho.

– Deve haver uma placa na porta – explicou Stella –, na qual está escrito: "Não é aqui".

– Tudo isso soa muito estranho.

– Não é estranho. Só um pouco esquisito, talvez.

Eles procuraram em todos os lugares no andar superior, mas não acharam nenhuma torre.

– Precisamos nos esconder em algum lugar quando o museu fechar – disse Stella. – Talvez Victor não apareça antes do anoitecer.

– Mas você não disse que não sabe quem ele é?

– Disse. E também não sei se ele sabe quem eu sou.
– Estou com fome. Minha barriga está roncando.
– Podemos nos sentar naquele café no primeiro andar – disse Stella.

Depois de comerem, quando o museu estava prestes a fechar, Pinneus e Stella se esconderam no banheiro masculino, no subsolo. Ficava bem próximo a uma das saídas. De lá eles escutaram o lugar lentamente ficando vazio.

Havia azulejos verde-claros horrorosos nas paredes e inúmeras portas nos armários. Pinneus escondeu-se no cubículo mais afastado.

– Que bom que está ficando vazio aqui – sussurrou Stella –, mas eles devem ligar o alarme quando as portas forem fechadas.

– Sim, com certeza, com todas essas pinturas antigas aqui.

– Fantasmas podem se movimentar sem acionar alarmes.

– Como você sabe? – perguntou Pinneus.

– Meu Tio Torres disse. Os fantasmas adultos assombram casas com e sem alarmes. Todas as noites – acrescentou ela.

– Todas as noites?

– Sim, todas as noites.

– Mas... e eu?

– Você é humano, Pinneus, não vai dar.

– Você também não tem sombra, não é, Stella?

– É verdade. Não tenho. Você vai ter que esperar aqui enquanto eu voo de sala em sala e vejo o que consigo encontrar.

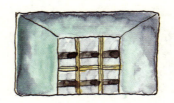

Capítulo Doze

Surgem os fantasmas das tapeçarias

Somente depois de se aventurar pelos dois primeiros salões foi que Stella lembrou-se do que Sofia Malévola lhe dissera sobre os fantasmas das tapeçarias: eram perigosos e maus. E ela tinha que tomar cuidado com "as mudanças". De repente, Assustadora Stella sentiu um medo paralisante. Claro que não sabia a quais mudanças Sofia Malévola estava se referindo.

Nesse momento, percebeu que estava sendo observada. Virou-se rapidamente, mas não conseguiu ver ninguém. Aqui e ali havia somente um foco de luz ao lado das pinturas. Fora isso, a escuridão era total. Passar de um salão enorme para outro naquele silêncio opressor era estranho e tinha um quê de apavorante.

Ela procurava alguém que não sabia quem era e estava atrás de algo que não conseguia ouvir. Mas tinha a forte sensação de que não estava sozinha.

Stella flutuou para perto de um quadro grande. Abaixo dele, uma placa informava: Frédéric Chopin.

Stella examinou a pintura do homem de cabelos castanhos e nariz comprido. Correu os olhos pela tela e, de repente, notou que a imagem se mexeu. Havia algo atrás do homem. Ela chegou mais perto e percebeu que havia uma pequena orquestra no fundo da imagem. No começo, ouvia-se apenas um som distante, como se viesse de um lugar completamente diferente.

Stella ficou imóvel, olhando para os movimentos daquela antiga imagem, ouvindo o som baixinho, prestando atenção.

– É Chopin – disse uma voz rouca atrás dela. Stella virou-se depressa e deu de cara com uma criatura desbotada e encurvada.

– Quem é você?! – deixou escapar, assustada. – Afaste-se de mim!

Mas a criatura não se moveu.

– Olhe para o quadro ao lado e aproveite para desfrutar a música.

Ele falava a mesma língua que ela, de modo que Stella conseguia compreendê-lo muito bem.

– Pra quê? – Stella flutuou de lado e examinou o quadrinho escuro perto do de Chopin.

– Você está vendo que o compositor está lá atrás, na imagem? O pequenino compositor ao lado da mulher com colar de pérolas. O "Oratório de Natal" – sussurrou a criatura. – Bach! Ele se valeu de influências dos mestres alemães, franceses e italianos.

– Afaste-se! – repetiu Stella.

Alguma coisa não estava fazendo sentido. Stella tinha certeza de que havia algo errado ali.

Porém, a criatura se aproximava lentamente. Finalmente, Stella se viu envolta numa sucessão de rodopios escuros e horripilantes. A criatura estava tão próxima que a penumbra deixava ver a fúria refletida nos olhos dele. Era um ser masculino. Stella reparou nos anéis escuros rodopiando ao redor de sua cabeça. Era com essas mudanças que Sofia Malévola tinha dito que tomasse cuidado?

A música dentro do quadro foi aumentando de volume, e a criatura passou a flutuar de um lado para outro do salão. Stella virou-se e estudou a imagem novamente, reparando nos movimentos ao fundo. A música que vinha do quadro era, na verdade, belíssima. Por que ela estava com tanto medo, então? Aquele ser horripilante seria Victor?

De repente, lá estava ele atrás dela novamente. Ela sentiu a respiração dele na nuca e reagiu por instinto, afastando-se para o lado.

– Você é Victor?

Ele não respondeu.

– É você?

A criatura disse:

– Chegue mais perto.

Stella precipitou-se o mais rápido que pôde na direção do outro salão, subindo as escadas de degraus largos forrados por um tapete vermelho. O som ia atrás dela:

En vérité, la demeure de mon cœur n'est pas un palais digne d'un prince

Alguém cantava num idioma que não conseguia entender.

Mais un sombre caverne;
Pourtant, dès que les rayons
de ta grâce

Como ela iria escapar dessa?

Viendront l'illuminer,
*Tout paraîtra empli de soleil.**

Stella deu meia-volta e viu que a criatura flutuava atrás dela escada acima. Voou para trás de uma estátua branca, onde se escondeu. Talvez tenha isso que Sofia Malévola quis dizer quando

---

* Versos em francês: "Na verdade, o que resta de meu coração não é um palácio digno de um príncipe/ Mas uma caverna escura;/ No entanto, se o brilho de tua graça/ Vier iluminá-la,/ Tudo parecerá cheio de sol." (N. E.)

explicou que Stella teria que aprender a diferenciar o perigoso do belo.

O silêncio voltou a reinar. Stella espiou cautelosamente. A criatura tinha sumido, e a música no andar de baixo estava chegando ao fim.

– Agora – disse Stella para si mesma –, agora preciso descer novamente até onde está o Pinneus, porque não estou encontrando o Victor.

Assim que terminou de sussurrar, algo surgiu bem ao seu lado. Stella contornou a estátua, mas não conseguiu ver o que era, pois a coisa se movia muito rápido. "PSIU! PSIU!", foi o que ouviu, seguido de alguns ruídos sinistros, ruídos de tecidos grossos se agitando ao longe. Percebeu que agora era outra coisa, não mais os anéis escuros da criatura desbotada que a perseguia.

Stella fez um movimento brusco com o corpo e disparou como um foguete rumo a outro salão. Lá, freou de repente e escutou. O ruído pesado se aproximava cada vez mais. Um tecido se movimentando, um grosso brocado de seda. Alguma coisa estava terrivelmente errada. Os fantasmas das tapeçarias! Sofia Malévola tinha dito. Stella tinha certeza. Eram eles! Estavam a caminho, destemidos e maus.

Stella pairou sobre uma escada de mármore e seguiu em direção a um corredor estreito, virando-se o tempo inteiro para ver o que estava acontecendo. De repente, com o rabo do olho, percebeu os movimentos e a silhueta lá embaixo, no começo da escada. Deu um pulo alto como o de um astronauta na Lua. "Você não vai conseguir chegar lá, Stella", pensou, "você sabe como são as coisas nos sonhos. Tudo aquilo de que você tenta escapar volta até você."

Os fantasmas das tapeçarias eram muitos e estavam à sua espreita.

Percebeu de repente que tinha entrado num salão cujas paredes eram forradas por um tapete púrpura com debruns dourados. Numa plataforma havia uma pequena e belíssima cama de ouro. "Napoleão", Stella leu na plaquinha afixada a ela.

"Essa deve ser uma cama muito famosa", pensou Stella, e se apressou em direção a ela. Os fantasmas dos tapetes se aproximavam, trovejando pelo corredor comprido.

Um abajur vermelho estava aceso numa parede. Da parede oposta pendia um enorme espelho de moldura dourada. O brilho da luz vermelha desaparecia dentro do espelho. Rapidamente, Stella se esparramou na cama de ouro e se enrolou no edredom de seda que a cobria. Tinha esperanças de que a confundissem com uma coberta qualquer.

Segundos depois, o salão estava cheio de fantasmas das tapeçarias fazendo piruetas, enquanto Stella, dura feito uma tábua, continuava deitada na cama de Napoleão. De repente, ela conseguiu distinguir os enormes contornos dos fantasmas sob o brilho pálido do abajur, que enchia de sombras as paredes. Eles pareciam terríveis. Stella concluiu que eram mesmo maus, pois os fantasmas que conhecia não tinham sombra.

Como num pesadelo, os malvados fantasmas dos tapetes zuniam ao redor do salão, como se sentissem seu cheiro. Assustadora Stella, deitada na cama, não movia uma fibra de seu corpo. Apenas por dentro, nas costuras mais íntimas, é que tremia um pouco.

Os tapetes moviam-se em ondas, desaparecendo aqui e surgindo ali, passando mais uma vez diante do abajur e fazendo a luz da lâmpada tremelicar. Um dos fantasmas, de repente, deu um nó em si mesmo e começou a golpear pelo salão, produzindo um som alto como um estrondo a cada golpe. Ele se movia tão depressa que Stella mal conseguia acompanhar sua sombra. Num instante ele estava ao seu lado, no outro já não estava mais, praguejando e resmungando numa língua desconhecida.

Stella fechou os olhos com força. Era um instante terrível, assustadoramente terrível. Um leve altear de sua respiração e eles a descobririam ali. Durante quantos anos-luz teria que ficar daquele jeito? Quem poderia salvá-la?

Nisso, os fantasmas dos tapetes começaram a discutir entre eles.

Stella percebeu que tinha a ver com ela, que não conseguiam chegar a uma conclusão sobre seu paradeiro. De repente, o maior deles começou a berrar. Stella não compreendia o que ele dizia, mas parecia ser algo assim:

– VAMOS TE PEGAR, TE PEGAR, TE PEGAR!
Voavam em torno dela, apontando para todos os cantos. Era tarde demais. Um gélido frio de pavor se irradiava por todas as costuras de Stella. Ela se encolheu toda, e, tentando não fazer barulho, espremeu-se o quanto pode contra a almofada bordada que ficava junto à cabeceira da cama.

Capítulo Treze

O afeto de Leonardo

– Clique, claque, clique, claque!

Stella identificou um outro som, que vinha de trás dos fantasmas dos tapetes. Eram passos. Humanos. Vapt-vupt e os fantasmas se foram. De repente, tinham desaparecido. Todos.

Um homem de uniforme, carregando uma lanterna, caminhava pelos salões. Seus passos ecoavam na escuridão dos imensos espaços do Museu. Stella o avistou de longe pelo vão da porta. Ele foi se aproximando, se aproximando, e finalmente parou diante da cama de Napoleão. "Quem será mais perigoso", pensou Stella, "os humanos ou os fantasmas das tapeçarias?".

– Mamãe Mulda, me ajude! – Assustadora Stella, chorando em silêncio, de repente se lembrou da mãe, do jeito como surgia na oficina à noite, voltando do trabalho. E estava bem fresco em sua memória o medo que tinha de que a mãe nunca retornasse. Certa vez, a mãe se molhou no caminho de casa e ficou inteiramente congelada. Ao atravessar um

campo, tropeçou numa abóbora gigantesca e passou a noite inteira caída no chão. O reflexo das estrelas era visível no seu corpo gélido. Somente depois que o Sol se ergueu e o gelo derreteu, ela conseguiu voltar para casa.

Stella olhou para o rosto do vigia parado em frente à cama de Napoleão. Imóvel, ele olhava na direção da almofada sem dizer palavra. Ergueu a lanterna e jogou o facho de luz sobre Stella, iluminando seu corpo de um lado para outro algumas vezes. Por um breve instante, ela sentiu a luz da mãe banhá-la novamente, como se uma mão a acariciasse. Lembrou que tinha perguntado à mãe, certa vez, quando tinham saído para passear no quintal da oficina, se os fantasmas eram mais velhos que as árvores. A mãe desatou e rir e respondeu:

– Sim. Observe as árvores, observe como as folhas pequenas parecem rugas. É a magia da natureza.

O vigia continuava sem mover um músculo. "Talvez eu esteja prestes a morrer de angústia", pensou Stella. O pavor que estava sentindo era tão grande que já nem tinha certeza se estava mesmo deitada naquela cama dentro do museu. Será que fantasmas também morriam de medo?

Quando o vigia finalmente se foi, levando sua lanterna, Stella levantou-se rapidamente e saiu pelo corredor. Subiu correndo dois lances de escada. Precisava chegar ao andar superior e encontrar a porta identificada com a placa. Encontrar Victor.

Mas não encontrou porta nenhum, somente paredes.

Stella desceu flutuando pelas escadas, primeiro uma, depois a outra. Por fim, estava de volta ao primeiro salão, onde a música tinha começado.

Agora só conseguia pensar numa coisa: precisava descer até o subsolo e encontrar Pinneus. Porém era tarde demais, pois o ruído dos fantasmas dos tapetes tinha se instalado novamente: eles subiam as escadas a toda a velocidade.

– Pinneus! – a voz de Stella ecoou pelos salões do museu. - Pinneus!

Era mesmo tarde demais. Ele não poderia ajudá-la, pois não a ouvia. Era o fim. Stella desabou sobre si mesma, formando um montinho no meio do salão. E pensou: "Não vou conseguir me safar dessa. Nunca vou ver o arco-íris nem a sétima estrela. Nunca vou conhecer a Primeira Verdade".

– Esconda-se debaixo de mim!

Stella estremeceu de susto; levantou o rosto e deu com os olhos num grande e velho tapete bordado com arabescos dourados.

– Eu sou Leonardo – disse ele levantando um dos cantos. - Sabia que você viria. Apresse-se!

Stella enfiou-se debaixo dele. Leonardo a encobriu, protetor, num gesto amistoso. Stella sentiu-se estranhamente aliviada.

– Obrigada – disse ela, desfrutando o calor do velho tapete, no exato instante em que os fantasmas das tapeçarias surgiram furiosos, marchando pelo salão. Era terrível sentir o peso deles sobre si, pisando e repisando.

– Fique calma, eles não podem mais pegá-la – disse Leonardo com seu vozeirão grave.

– Que uggy – disse Stella, tremendo.

– Deixe que pisem e sapateiem aí em cima. Logo, logo Victor virá buscar você. E então eles não ousarão tocá-la.

Ele tinha razão. Não demorou muito, e os malvados se foram.

– Victor já vai chegar. Muito em breve.

– Em breve quando?

– Agorinha mesmo, Assustadora Stella.

– Você sabe meu nome?

– Claro, assim como você sabe o meu – disse Leonardo, levantando novamente uma de suas pontas. Stella engatinhou para fora, e lá Victor a esperava. Ele tinha brocados dourados brilhantes e um relevo de flores vermelhas de veludo.

– Oh! – disse Stella, encantada.

Victor pegou Assustadora Stella no colo.

– Finalmente. Finalmente você está aqui.

– Eu me chamo Assustadora Stella – disse a fantasminha, soluçando. – Você surgiu como um raio no céu azul e me salvou bem na hora.

– Não precisa mais ter medo – consolou-a Victor com seu vozeirão. – Estou aqui ao seu lado, e Leonardo também. Eu sabia que ele iria protegê-la. E há mais de nós por aqui. Eu sou Victor.

– Eu sei.

Stella continuava tremendo, sentindo o toque do tecido espesso de que Victor era feito roçar seu corpinho de algodão.

– Minha pequena Cosette, minha Léopoldine* – sussurrou ele, carregando-a nos braços.

– Eles são tão terríveis, aqueles fantasmas...

– É, são mesmo, mas não fique assim. Eles sempre foram maus, mesmo na dimensão anterior.

– Anterior... o quê?

– Você sabe como é, você pode ir parar muito longe ao se tornar um indivíduo. É uma ilusão achar que o mundo se resume a um só lugar.

– Indi... Ilusão... o quê?

– Não pense nisso agora. Quem é ele, o humano que a acompanha?

– Pinneus. Ele está escondido lá embaixo, no banheiro.

– Pinneus, não é?

Victor saiu, levando Stella no colo. Carregou-a pelos compridos corredores, subiu as escadas ladeadas por corrimãos trabalhados e atravessou inúmeros salões repletos de pinturas, estátuas e mostruários de vidro com torsos antigos e cabeças de alabastro. Victor tinha sombra, Stella reparou.

– Você pode me ajudar a encontrar Tânia Talento. Isso é tão uggy – disse Stella num fio de voz. – Foi Sofia

---

* Cosette é personagem do romance *Os miseráveis*, de Victor Hugo; Léopoldine era filha do escritor. (N.E.)

Malévola quem contou... e é urgente, antes que ela seja vendida. Essa bolsas...

– *Oui*, é mesmo uggy, compreendo. Sofia Malévola, hein? Oh, sim. Acho que me lembro dela. Ela é professora na ENSMJFI, não é isso?

Stella sorriu. Victor realmente sabia quem era a professora.

– Sim – confirmou ela –, na Escola Noturna de Sofia Malévola para Jovens Fantasmas Indisciplinados.

– Uma boa escola.

Stella percebeu o silêncio. Não havia nenhum movimento, nada de mudanças nas salas. A música tinha cessado.

– Para onde vamos?

– Vamos para um lugar que não existe.

– "Não é aqui" – disse Stella.

– Exatamente – disse Victor carregando-a pelo último lance de escadas. Logo eles estavam diante da porta com a placa.

Stella suspirou aliviada. Finalmente, tinham chegado.

– Eles foram embora, os fantasmas maus?

– Não, continuam aqui, mas sou mais forte que eles – disse Victor, confiante, com sua voz amistosa.

Capítulo Catorze

"Não é aqui"

Quando entraram na torre, Victor colocou Stella novamente no chão. Era uma bela e aconchegante salinha que transmitia uma sensação de tranquilidade. Diante de janelas bem altas, na extremidade da sala oval, havia uma poltrona de estofado cinza-azulado. No chão, um tapete bege e dourado, e móveis em estilo rococó nas cores branco e prata, com almofadas de seda branca enfeitando as cadeiras. Dois castiçais de cinco braços brilhavam, com velas brancas que ardiam.

E não era só: sobre a mesa havia comida servida num magnífico conjunto de bandejas de cristal. Uma fornada deliciosa de suspiros e pães doces.

– Oh! – disse Stella. – Que bonito!

– Sim, é imponente. Há muita coisa aqui. Agora, sente-se e coma, Stella. Vou lhe trazer algo para beber.

Stella se serviu e então lembrou-se de Pinneus, mas logo o esqueceu novamente, assim que Victor sentou-se à sua frente na mesa.

– Às vezes as coisas são tão difíceis – disse ela.

– É difícil ser um fantasma, nem é preciso dizer. Um fantasma tem de dar a volta ao mundo, ir de zero a cem em cinco anos-luz.

Stella prestava atenção.

– Existe um tempo permeando todas as coisas – prosseguiu Victor com uma expressão séria. – Existe um tempo entre o aquilo que ainda será e aquilo que já foi. Os humanos o chamam de "presente".

– Presente?

– Sim, o agora.

– O agora é aqui?

– Sim, aqui ou lá, depende do ponto em que você estiver no curso da vida. É onde você está.

– Onde eu estou?

– Sim, você está no passado.

– No passado?

– *Oui*, um dia você irá compreender. Imagine se nada além do presente existisse para os humanos.

– Neste caso, nós não estaríamos aqui – disse Stella, engolindo um pedaço enorme e crocante de merengue, que se desfez em grãos de açúcar.

Victor sorriu.

– Exatamente. Vamos falar da falta.

– Da falta que faz minha mãe, Mulda?

– Sim – disse Victor –, mas ainda é cedo demais. Ninguém descobre todas as Verdades de uma só vez, minha criança. Algumas são tão sublimes que precisam esperar.

– "Sublime", então, quer dizer bonito? E está nesse tempo entre tempos?

– Essa pergunta terá que esperar. E talvez possamos chamar essa espera de "tempo entre tempos". Mas também pode estar no passado ou no que ainda está por vir. Primeiramente, você precisa encontrar Tânia Talento. O seu presente se chama Tânia, agora.

– É verdade – suspirou Stella desanimada.

– Linda fantasminha – Victor inclinou-se sobre a mesa e acariciou a cabeça de Stella. – Dê uma olhada lá fora – disse ele, levantando-se. – Enquanto você estava sendo perseguida pelos malvados, durante boa parte da noite, lá fora chovia. Você, que estava aqui dentro, não sabe disso, *n'est-ce pas?** Fora e dentro são dois lugares diferentes.

Stella ficou de pé e foi até onde estava Victor, que a abraçou com uma de suas pontas. Ela olhou através do janelão alto e estreito. A Lua branca parecia uma bola de papel no céu, acima do telhado do museu.

– É mesmo, choveu – constatou.

Lá embaixo, na praça de paralelepípedos diante dos portões, várias poças d'água haviam se formado. A Lua refletia nas poças, tornando-se muitas. Stella de repente reparou num vulto branco sentado no telhado.

Virou-se para Victor:

– Tem alguém ali em cima. E parece que tem várias luas dentro das poças, Victor. É estranho.

---

* "Não é mesmo?" – em francês no original. (N. E.)

– Sim, existem mil luas no chão. Mas no céu, ao contrário, há somente uma. Você é um pequeno anjo, Stella. Suas asas ainda não caíram.

– Não sou anjo nem nada, sou um fantasma. Não tenho uma só pena nas costas.

– Não faz diferença. – Ele abriu a janela. – Escute, Stella!

Stella apurou o ouvido e escutou uma bela voz cantando. Vinha do vulto no telhado.

– É Edith – disse Victor sorrindo. – A canção diz que ela não se arrepende nada.* É linda.

De repente, Victor ficou sério, fechou a janela e disse:

– Tem uma pequena butique no número 27 da *Rue de Fleurus*. O nome é *Basket*. Duas dos nossos moram lá, Gertrude e Alice.**

Alice é uma cortina de seda que fica na vitrine. Gertrude é a grande tapeçaria

---

* Referência à cantora francesa Edith Piaf e à canção "Non, Je ne regrette rien" ("Não, não me arrependo de nada"). (N. E.)

** Referência às escritoras americanas Gertrude Stein e Alice B. Toklas. (N. E.)

pendurada atrás do balcão, ao lado do espelho. Ela me deu algumas dicas, por isso eu sei que Tânia Talento está lá. Está atrás do vidro do próprio balcão, tem bordas florais e alças de bambu, *n'est-ce pas*?

– Sim, é ela mesmo! – exclamou Stella, aliviada.

– A humana proprietária da butique é jovem e ingênua, não vai causar problemas. Ela usa sempre vestidos com motivos florais. Vá até lá o quanto antes, quando o Sol se desprender do oceano e se levantar.

Stella virou-se e encarou Victor:

– Será que nos veremos de novo?

Ele fechou os olhos um instante, como num filme em câmera lenta. Quando voltou a abri-los, tinha uma expressão triste.

– Noite e dia estão interligados, é preciso enfrentá-los juntos – sussurrou.

– Mas me diga, Victor, eu ainda voltarei a vê-lo?

– Vou lhe dar um livro meu. – Caminhou pela sala e abriu um armário de vidro. – Este aqui – disse, colocando um livro de capa de couro sobre o colo de Stella.

Ela abriu o livro.

– Oh! – exclamou.

Fantine, Livre premier, Un juste, estava escrito na primeira página. "Fantine,* Volume Um, Um homem justo".

---

* Personagem do romance *Os Miseráveis*, de Victor Hugo, publicado em 1862. (N. E.)

– Obrigada – agradeceu Stella abraçando o livro.
– Quem é Fantine?

– Fantine não tinha família. Ganhou esse nome de alguém que a encontrou ainda bem pequena, correndo de pés descalços pela rua. O nome lhe caiu bem como caíam as gotas de chuva em seu cabelo. Ela se tornou mãe de uma criança humana que se chamava Cosette.

– Então esse livro é sobre humanos?

– *Oui*.

– E daí?

Victor sorriu.

– Cosette era sozinha, embora não existisse no mundo real, era apenas uma invenção artística.

– Assim como nós?

Victor não respondeu.

– Quem tomava conta de Cosette?

– Um sujeito chamado Jean – disse Victor –, um homem bom, a alma gêmea do homem que está aqui diante de você nesta torre, com a placa onde estava escrito "Não é aqui" pregada na porta.

Quando ouviu isso, Stella sentiu um calor se espalhando dentro dela. O que Victor queria dizer era que talvez os humanos também precisassem de ajuda, e também sentissem falta de suas mães. Ela achou que ele quis dizer, ainda, que se a gente nunca desistir e suportar as tempestades, então talvez seja possível... bem no fim... reencontrar nossa mãe. Mas primeiro era preciso encontrar as muitas Verdades.

Stella olhou para o teto, que tinha rachaduras aqui e ali. Uma nuvem verde-escura que se via pela janela, na escuridão da noite, parecia um pássaro com

A Primeira Verdade ❭ 133

duas grandes asas. Stella se lembrou de uma história engraçada que a velha Ulla havia lhe contado, de uma vez em que voava no meio da noite, passeando, e foi perseguida por um bando de gansos.

– É estranho – disse Stella –, que a gente consegue se lembrar de cheiros. É como se eu de repente sentisse o cheiro de penas.

– Isso tem a ver com o tempo – murmurou Victor. – E farfalhar de asas, e batidas de coração. Quanto do passado você se lembra?

– Eu lembro da minha mãe – disse Stella. – Ela desapareceu em plena luz do dia. Nunca vou parar de procurar por ela.

– No fim tudo ficará bem. Você sabe que a luz, da qual nós, fantasmas, precisamos nos proteger, fica espremida entre uma escuridão e outra, e depois dessa, ainda outra.

– Então, é escuro dos dois lados? – perguntou Stella. – Dos dois lados da luz?

– Dos dois lados de todas as coisas – disse Victor. – Em cada lado do "tempo entre tempos" existem dois outros tempos, o que já passou e o que está por vir. Eu já fui alguém, Stella, pois sou muito velho. Mas você é jovem e ainda vai ser alguém, compreende? Você vive no passado, os humanos vivem no presente, "o tempo entre tempos", e eu, que já fui alguém, vivo no Além, ou "o que vem depois".

– Claro! – exclamou Stella, e imediatamente se deu conta de que a Primeira Verdade tinha a ver exatamente com isso.

– O tempo não vai, ele vem, Stella. Quero que você guarde duas palavras importantes, que são *sempre* e *começo*.

– *Começo?*

– Puff! e o mundo começou. A eternidade, Stella.

– Puff! – repetiu Stella. – Puff! – disse outra vez, rindo.

Capítulo Quinze

O segredo do mostruário de vidro

Pinneus estava sentado, cabisbaixo, perto do armário. Visto de longe, lá no canto do banheiro, na penumbra, ele parecia um pouco aborrecido.

– Pinneus – sussurrou Stella. – Você não tem ideia do que me aconteceu.

– Por onde você andou? – perguntou ele, levantando-se rapidamente. – Faz horas que estou aqui esperando. Estou morrendo de fome. – E olhou aborrecido para ela.

– Aprendi algo importante, Pinneus. Sobre a eternidade, e sobre puff!, e sobre o tempo que ainda virá. E passei por sérios apuros. Os fantasmas dos tapetes quase conseguiram me pegar, você não faz ideia. Você escutou a música?

– Não escutei nada, somente o ruído dos canos do banheiro. O que é "puff!"? É uma espécie de bolo? A palavra me faz lembrar de um bolinho.

– Puff! é o começo de tudo, Pinneus. É um ruído, um som. Do fim do silêncio e talvez do começo da Terra, ou talvez do Universo.

– Um bolinho que explodiu no forno – disse Pinneus.

– Que estranho você não ter escutado nada – disse Stella. – Mas agora precisamos ir até a butique de bolsas, imediatamente. Chama-se *Basket*, e precisamos fazer todo o possível para encontrar Tânia Talento. Precisaremos sair assim que abrirem as portas do museu. Vou me pendurar no seu pescoço. Tome aqui, você consegue levar este livro pra mim?

– Que livro é este? – Pinneus pegou o velho livro com lombada de couro.

– Victor me deu.

– Mas estou com fome, Stella.

– Claro que você vai conseguir comprar algo no caminho, Pinneus, algo bem gostoso.

Pinneus sorriu.

– É verdade, eu sei disso – disse ele.

Recolhida de um lado da vitrine pendia uma cortina de seda preta. Stella percebeu um par de olhos entre as dobras. Era um olhar cansado, mas alerta.

– É Alice – disse ela.

Pinneus estava mastigando a baguete que tinha comprado. – Isso aqui está crocante e gostoso – disse ele, lançando farelos na direção de Stella.

Dentro da loja, tudo estava em silêncio. Havia no ar um cheiro adocicado de limpeza. Um raio de Sol atravessava a janela e iluminava o chão. Não havia ninguém atrás do pequeno balcão de vidro, "mas talvez o espelho pendurado na parede lá atrás fosse um espelho falso", pensou Stella, "atrás do qual podia estar alguém tomando conta da loja".

Pinneus se aproximou do balcão e Stella estudou o que havia dentro do mostruário. Tânia estava lá! Era ela mesmo, exposta junto de *nécessaires** e pastas de estampas floridas. Stella soltou uma risada deliciosa de felicidade.

– É aquela bolsa de bordas azuis? – Pinneus estava com os olhos grudados no mostruário.

– Sim. É ela, Tânia Talento. Nós a encontramos.

Tânia olhava irritada para Stella, que sentiu um aperto no estômago e dificuldade de engolir. Não podia cair no choro justo agora. Pensou em Malu e Torres, em como ficariam felizes de reencontrar a filha querida.

De repente, uma mulher surgiu atrás do balcão. Tinha cabelos escuros e olhos azuis que pareciam artificiais. Usava um vestido florido, exatamente como Victor tinha dito. Leve, delicado, ondulava a cada passo da mulher, que logo deu "bom dia":

---

* Bolsa pequena para guardar objetos de higiene pessoal, como creme dental, escova de dentes, sabonete, perfumes etc. Pronuncia-se *necessérre*. Em francês no original. (N. E.)

– *Bonjour* – disse ela para Pinneus, que deu de ombros, indiferente.

– Aponte para Tânia – disse Stella esticando um pouco a cabeça e cochichando na orelha de Pinneus.

– A b-bolsa – gaguejou Pinneus apontando com o indicador. – Aquela! Queremos aquela ali!

A mulher abanou a cabeça e fez um gesto com os braços.

– *Non* – afirmou, decidida. Stella percebeu que Tânia estava reservada para outra cliente. Havia um bilhete ao lado, com um nome escrito.

– Essa não! Pelas costuras cantantes! – sussurrou Stella.

A mulher retirou outra bolsa de trás do balcão, uma de estampa vermelho vivo e alças alaranjadas. Stella sacudiu a cabeça com tanta força que a mulher reparou no cachecol que Pinneus usava.

– *Non* – disse Stella, determinada.

A mulher encolheu os ombros e voltou um tanto irritada para o quarto dos fundos.

Pouco tempo depois, a tapeçaria da parede, que devia ser Gertrude, deu sinal de vida. Tinha ficado pendurada ali, caladinha, observando tudo, mas agora ondulava de irritação.

– Vou ajudar vocês – disse, decidida, descendo da parede. Como era forte, conseguiu levantar o vidro do mostruário com um só movimento.

– Pronto, agora saia daí, sua bolsinha.

Tânia Talento deu um salto e aterrissou no chão, mas não estava sozinha. Subitamente, as cinco *nécessaires* floridas também se atiraram no chão, exultantes de alegria.

Gertrude pôs o pesado tampo de vidro no lugar, enquanto as *nécessaires* zanzavam alegremente pela butique.

Pinneus apanhou Tânia Talento do chão e enfiou as alças de bambu no braço.

– Por que, Stella, por quê? – protestou Tânia, aborrecida.

– Por favor, Tânia, agora não – disse Stella percorrendo rapidamente o interior da loja junto com as *nécessaires*.

Mas Tânia continuou:

– Você me empurrou do alto da prateleira!

– Qual é a resposta? – perguntou Gertrude, de repente. Da vitrine, Alice deu um suspirou bem alto.

– Sendo assim – emendou Gertrude –, qual é a pergunta?

Nesse momento, a dona da butique veio correndo lá dos fundos. Seu semblante meigo tinha adquirido uma expressão de ódio.

– *Non!* – gritou ela, apontando para Tânia Talento e para as *nécessaires* floridas.

Sem demora, Gertrude voltou a pendurar-se na parede. Alice ficou quietinha na vitrine. Stella desvencilhou-se do pescoço de Pinneus, esgueirou-se até a porta e se enfiou pelo buraco da fechadura. Do lado de fora, viu, pela vitrine, Pinneus e a dona da loja disputando Tânia Talento como num cabo de guerra.

– Vamos logo, Pinneus! – gritou ela quando viu no vidro o reflexo de um policial se aproximando pela rua.

– Alto! Alto! – gritava ele.

Era hora de lutar, dar no pé ou desistir e se entregar.

Assustadora Stella deu um nó em si mesma e partiu como um tornado na direção do Senhor Policial, dando-lhe uma sequência de sopapos na cabeça e nas costas. Enquanto isso, a porta da loja se abriu com um estrondo e Pinneus saiu correndo. Stella percebeu que ele trazia Tânia Talento nas mãos. A dona da butique vinha no seu encalço, logo atrás.

– Seus pestinhas! Voltem aqui! – gritava ela, furiosa, balbuciando as palavras muito rápido por entre os lábios vermelhos.

As *nécessaires* escaparam entre suas pernas e dispararam calçada afora.

O policial estava caído no chão, e Stella, quase sem fôlego.

– Uma bordoada bem no meio da sua bravura! – gritou para o policial, que tentava ficar de pé novamente. Seu cassetete saiu rolando pelo chão. Pessoas começaram a se aglomerar em volta.

– Vamos, Stella! – gritou Pinneus, correndo o mais rápido que podia pela calçada. Ele não era lá muito veloz...

Stella o alcançou e, de um salto, conseguiu enrolar-se em seu pescoço novamente.

Os carros passavam longe, zunindo de tão rápidos; muitos buzinavam alto.

Pinneus dobrou a esquina correndo e parou de repente.

– Precisamos agir naturalmente – disse, ofegante. Stella concordou. Tânia não disse uma palavra.

"As coisas jamais serão como antes", pensou Stella, olhando para Tânia. Como parecia furiosa!

– Por que não veio antes, Stella?

– Francamente, Tânia. Nós estamos em Paris, não numa lanchonete da esquina perto de casa.

– Fantasmas não frequentam lanchonetes, a não ser de madrugada – corrigiu Tânia.

– Oh! – disse Stella de repente. – Estamos na Champs-Élysées!

– Incrível! – exclamou Pinneus, esforçando-se ao máximo para não dar na vista. Não era fácil aparentar tranquilidade dada a situação que estavam vivendo. Mas era preciso um pouco de classe para passear pela calçada mais famosa de Paris. E até que ele estava bem produzido, com um cachecol branco no pescoço e uma bolsa de estampa floral azulada, com alça de bambu.

Percorreram todo o trecho até o Arco do Triunfo, indo e voltando, depois pegaram um táxi e voltaram para o gigantesco aeroporto. Pinneus despachou Tânia como bagagem. Ela recebeu uma etiqueta com um código de barras e foi parar na esteira, junto com malas enormes e pesadas.

– Pobre Tânia – Stella lamentou baixinho, enrolada novamente como um turbante na cabeça de Pinneus.

– Logo estaremos em casa – disse ele, retirando do bolso o passaporte do garoto indiano.

Nesse exato momento, Tânia Talento desapareceu da vista, escorregando por uma rampa, e Stella ainda teve tempo de gritar:

– Prometo que vou ajudá-la a se convencer de que a gente é quem quer ser, Tânia, se você fizer o mesmo por mim!

Capítulo Dezesseis

A Primeira Verdade

Sofia Malévola esperava Assustadora Stella sentada na cadeira preta do seu escritório noturno. Diante dela, na escrivaninha, estava aberto o grande Livro Noturno. Stella tinha passado o dia inteiro dormindo como uma pedra, assim como Tânia Talento, cujos ilhoses, pontos e alças de bambu tinham sido arrancados. Ela havia voltado ao normal e parecia novamente um fantasma como outro qualquer, exceto pelas bordas de tecido florido, que preferiu manter.

Stella tinha tido um sonho estranho: um oceano, cuja superfície estava calma e refletia o brilho da Lua, como se fosse um espelho. Ela olhou para a grande fotografia pendurada na parede, logo acima de Sofia Malévola. Era a foto da Escola Noturna de dia. Tudo parecia tão diferente sob a luz do Sol...

– Agora, minha pequena pestinha, pode me contar tudo que aconteceu – começou a professora.

– Tânia Talento está de volta.

– Perfeito! Maravilhoso! O que você aprendeu?

– Que existem fantasmas inteligentes e fantasmas maus no mundo, e que não devemos acreditar em tudo o que nossos olhos veem. E que o lado interior e o lado exterior são duas coisas completamente diferentes – continuou Stella, orgulhosa. – Exatamente como a noite e o dia.

Sofia Malévola anotou tudo o que ela disse no Livro Noturno.

– Está correto, Assustadora Stella. Pense que você sobreviveu.

– Sim.

– E aquilo que não nos mata nos deixa mais fortes. Você realmente se mostrou uma fantasminha de muita coragem. Estou realmente muito impressionada pelo que fez.

Stella abriu um largo sorriso, mas não estava completamente feliz.

Ainda pensava na mãe, Mulda.

– Ainda faltam muitos anos para eu me transformar num lençol grande, Senhora Malévola. Torres e Malu ficaram muito felizes ao rever Tânia Talento, mas não me agradeceram por isso.

– Não devemos nunca esperar que as pessoas nos agradeçam. Isso só vai ser motivo de decepção. O mundo é cheio de ingratidão.

– Porém milagres acontecem todos os dias, professora. Pelo mundo inteiro.

– É verdade.

– Victor disse que no fim tudo acabaria bem. E fantasmas podem viver por cinco anos-luz, então não vai me faltar tempo.

– Foi o que ele disse, que tudo acabaria bem? Então qual é a Primeira Verdade, Assustadora Stella?

– O tempo, professora. O Passado, o "tempo entre tempos" e o Além. Victor me contou que fantasmas mais velhos já foram alguém, enquanto os fantasminhas ainda serão. Portanto, agora mesmo eu estou vivendo no passado, pois estou à espera. E os humanos vivem no presente, o "tempo entre tempos".

– Brilhante, Stella. Esta é a Primeira Verdade! Você passou no seu primeiro exame com méritos! Já preparei seu primeiro Calendário de Crescimento – disse Sofia Malévola entregando a ela a folha de papel.

Stella pegou o belo Calendário de Crescimento, mas Sofia Malévola aparentava estar um pouco triste.

– Eu já vivi meus dias. Você, não. Você está à espera.

– Estou pronta para eles.

– Mas ninguém mais na sala sabe disso, Stella. Essa descoberta representa um grande conhecimento. Você não deve contar a ninguém, nem mesmo para Tília Coragem. Seria muito errado. Cada um deve descobrir sozinho o propósito da própria vida.

– Não vou contar nada, professora, mas quem você foi?

Sofia Malévola fitou Stella com um olhar distante, em seguida reclinou-se novamente na cadeira, suspirou e disse orgulhosa:

– Eu fui uma famosa bailarina romena.

– Como se chamava?

– Eu me chamava Sofia Zeani.* Cresci ao lado do rio Danúbio, mas me mudei para Bucareste quando completei dezoito anos. E vim para cá há noventa e dois anos.

– Eu achei mesmo que você poderia ser alguém assim – sorriu Sofia. – Você dança no ar quando voa, como se fosse o próprio vento.

– Sim, como o próprio vento. As pessoas continuam sendo quem são, não apenas do nascimento à morte, mas bem antes que nascem e bem depois que morrem.

– Oh, sim – disse Stella estudando o Calendário de Crescimento. – Muito obrigada por você ser essa professora banana.

– Banana?!

– Eu quis dizer bacana!

Antes que Sofia Malévola conseguisse dizer alguma coisa, Stella prosseguiu:

– Sonhei com o oceano esta noite, professora. Com uma superfície reluzente e tranquila. O céu se refletia inteiro nela. E a minha mãe, eu pensei... você sabe...

Sofia Malévola enxugou uma lágrima invisível nos olhos.

– É cedo demais, essa será a sua décima Verdade, Stella.

Stella olhou para o chão.

– Mas os fantasmas dos tapetes, posso saber quem eram?

---

* Provável referência a Virginia Zeani, cantora romena. (N. E.)

– Também é cedo demais para isso. Agora vá, Assustadora Stella. Você pode ir para casa pelo resto da noite. Eu vou para a sala dar aula para o restante daqueles pestinhas.

Stella levantou novamente o rosto.

– Posso ir mesmo, não preciso assistir aula hoje?

– Sim, só hoje!

– Jamais vou esquecer qual é a Primeira Verdade, Senhora Sofia. Isso eu lhe prometo.

– Vá agora, minha Stella querida.

– Obrigada, Pavorosa! – gritou Stella ao sair pela porta, deixando Sofia Malévola sem reação.

Orgulhosa, Assustadora Stella carregava o Calendário de Crescimento com os braços esticados à frente, voando sozinha pela noite. As estrelas pontuavam de luz o céu inteiro. Ela cruzou as ruas da cidade, voando bem alto dessa vez, enchendo-se de ar e se elevando para além dos muros do shopping e flutuando rapidamente para o outro lado do quarteirão. Pouco tempo depois, já estava passando pelas castanheiras no caminho para a casa onde Pinneus morava. Lentamente, desceu e aterrissou sobre um carro estacionado na rua. Logo em seguida, deslizou pelo capô do carro, enfiou-se entre as grades do portão e cruzou o gramado do jardim.

E então abriu um grande sorriso de satisfação. Pois de repente sentiu quem realmente era: alguém muito, muito feliz. Pinneus Mysac esperava por ela, era fácil perceber. A janela do quarto não estava fechada, mas escancarada.

Victor Hugo

Escritor francês, nasceu em 1802 e morreu em 1885. Seu nome era Victor Marie Hugo. Escreveu durante quase setenta anos e produziu inúmeros livros. São maravilhosas narrativas e descrições sobre a vida dos homens no passado, especialmente na França. Seu livro mais famoso talvez seja *Os Miseráveis* – em francês, *Les Misérables*. Conta a história de Jean Valjean, Fantine e Cosette, que conhecem o luto, a injustiça, a lealdade e um imenso amor. O livro descreve minuciosamente como a vida pode ser cruel e dolorida quando é preciso viver depois de uma grande perda. Na vida real, o próprio Victor Hugo experimentou uma perda enorme quando sua filha, Léopoldine, morreu muito jovem. Ele nunca superou sua morte.

O bom dos livros é que eles vivem para sempre, e uma história escrita jamais morrerá. A literatura e a realidade se sobrepõem uma à outra. Pois qual realidade é, na verdade, a mais real, a dos livros ou a da vida? Talvez Victor Hugo também viva para sempre.

Em vários momentos do livro de Assustadora Stella e a Escola Noturna há referências a Os Miseráveis, de Victor Hugo. Há também referência ao monumental Oratório de Natal, do compositor Johann Sebastian Bach, e a Frédéric Chopin. Talvez você também encontre referências a outros personagens cujas almas vivem no Além em Paris...

Arquivo pessoal Unni Lindell e Fredrik Skavlan

UNNI LINDELL é uma escritora, jornalista e tradutora norueguesa. É muito conhecida como autora de romances policiais, literatura infantil e literatura adulta. Publicou 73 livros, traduzidos em mais de 20 idiomas; seis de seus romances policiais foram filmados.

Além de ser famosa como autora de livros policiais, ela também experimenta um enorme sucesso como autora de livros para crianças, sendo que a mais famosa é a série Assustadora Stella, reconhecida internacionalmente.

FREDRIK SKAVLAN é um jornalista norueguês, famoso nos países escandinavos como apresentador de *talk show*. É também um grande ilustrador. Juntamente com Unni Lindell, ele criou um mundo fascinante, no qual a fantasminha Stella vive aventuras incríveis com amigos e inimigos.

Copyright © 2016 Autêntica Editora
Copyright © UNNI LINDELL & FREDRIK SKAVLAN 2008
[Todos os direitos reservados]

Edição em português publicada através de acordo com Nordin Agency AB, Sweden
e Vikings of Brazil Agência Literária e de Tradução Ltda.

Título original: *Nifse Nella og Nattskolen*

Todos os direitos reservados pela Autêntica Editora. Nenhuma parte desta
publicação poderá ser reproduzida, seja por meios mecânicos, eletrônicos, seja
via cópia xerográfica, sem a autorização prévia da Editora.

N
NORLA
Esta tradução foi publicada com o apoio financeiro
da NORLA - Norwegian Literature Abroad.

EDIÇÃO GERAL	REVISÃO	DIAGRAMAÇÃO
Sonia Junqueira	*Maria Theresa Tavares*	*Carol Oliveira*

Dados Internacionais de Catalogação na Publicação (CIP)
(Câmara Brasileira do Livro, SP, Brasil)

Lindell, Unni
    Assustadora Stella e a escola noturna / Unni Lindell, Fredrik
Skavlan; tradução Leonardo Pinto Silva. -- 1. ed. – Belo Horizonte :
Autêntica Editora, 2016.

    Título original: *Nifse Nella og Nattskolen*
    ISBN 978-85-8217-866-9

    1. Ficção - Literatura infantojuvenil I. Skavlan, Fredrik. II. Título.

16-01152   CDD-028.5

Índices para catálogo sistemático:
1. Ficção : Literatura infantojuvenil 028.5
2. Ficção : Literatura juvenil 028.5

GRUPO **AUTÊNTICA**

Belo Horizonte
Rua Carlos Turner, 420,
Silveira . 31140-520
Belo Horizonte . MG
Tel.: (55 31) 3465 4500

www.grupoautentica.com.br

Rio de Janeiro
Rua Debret, 23, sala 401
Centro . 20030-080
Rio de Janeiro . RJ
Tel.: (55 21) 3179 1975

São Paulo
Av. Paulista, 2.073,
Conjunto Nacional, Horsa I
23º andar . Conj. 2301 .
Cerqueira César . 01311-
940 São Paulo . SP
Tel.: (55 11) 3034 4468

Esta obra foi composta com a tipografia Electra e impressa
em papel Off-White 90 g/m² na RR Donnelley.